我国退耕还林工程对农户收入、消费及其不平等的影响研究

刘　浩　刘俊昌　刘　璨　著

中国财经出版传媒集团
中国财政经济出版社

图书在版编目（CIP）数据

我国退耕还林工程对农户收入、消费及其不平等的影响研究／刘浩，刘俊昌，刘璨著．--北京：中国财政经济出版社，2021.6

ISBN 978-7-5223-0534-9

Ⅰ.①我… Ⅱ.①刘… ②刘… ③刘… Ⅲ.①退耕还林－影响－农户－个人收入－研究－中国 ②退耕还林－影响－农户－消费－研究－中国 Ⅳ.①F126

中国版本图书馆CIP数据核字（2021）第083716号

责任编辑：杨　波　　　　责任印制：张　健

封面设计：卜建辰　　　　责任校对：徐艳丽

我国退耕还林工程对农户收入、消费及其不平等的影响研究

WOGUO TUIGENG HUANLIN GONGCHENG DUI NONGHU SHOURU、XIAOFEI JIQI BUPINGDENG DE YINGXIANG YANJIU

中国财政经济出版社 出版

URL：http：//www.cfeph.cn

E－mail：cfeph@cfeph.cn

社址：北京市海淀区阜成路甲28号　邮政编码：100142

营销中心电话：010－88191522

天猫网店：中国财政经济出版社旗舰店

网址：https：//zgczjjcbs.tmall.com

北京富生印刷厂印刷　各地新华书店经销

成品尺寸：170mm×240mm　16开　12.75印张　195 000字

2021年9月第1版　2021年9月北京第1次印刷

定价：55.00元

ISBN 978－7－5223－0534－9

（图书出现印装问题，本社负责调换，电话：010－88190548）

本社质量投诉电话：010－88190744

打击盗版举报热线：010－88191661　QQ：2242791300

自 序

1999 年启动的退耕还林工程至今已实施 22 年。恢复生态系统和改善农户生计是实施退耕还林工程的两大核心目标，作为世界上财政投入最大、涉及农村人口最多的生态恢复工程之一，农户是退耕还林工程的实施主体，退耕还林工程把农户的耕地转化为林地，政府在一定时期内给予农户补助。实施退耕还林工程是否对农户生计产生了影响，产生了什么影响，影响机理是什么？退耕还林工程改善农户生计的政策效益是否为广大农户所共享？是迫切需要回答的政策和学术问题。

为更加全景深刻地认识退耕还林工程对农户生计的影响，本书基于 8 次跟踪调研获得的覆盖 6 省份、15 县市、216 个行政村、2707 个样本农户 1995 ~ 2016 年的长期大样本农户面板数据，利用递归方程组模型，研究了退耕还林工程对农户收入、消费及其不平等的影响。全书共有 9 章，第 1 章为绪论，主要介绍研究背景、目标、意义、主要内容、基本方法和技术路线等。第 2 章为文献综述，系统梳理了学术界关于农户收入、消费及其不平等影响的研究动态以及退耕还林工程及国内外其他生态恢复工程对农户生计影响的研究动态。第 3 章为理论基础、分析框架和研究方法，简要介绍本书可能涉及的基础理论，并根据这些理论建立分析框架并选用实证分析方法。第 4 章为研究数据，将重点介绍数据的调研、整理和分析情况，为提高后续实证分析的可靠性，此章将对本书所采用的数据库进行一些统计检验。第 5 章主要分析农户对退耕还林工程的主观评价，以初步判断退耕还林工程对农户收入和消费产生的影响路径。第 6 章、第 7 章和第 8 章为本书的重点，分别开展退耕还林工程对农户收入、消费及其不平等影响的实证分析。第 9 章为研究结论与政策含义，梳理相关经验性结果形成研究结论，并对重要结论和关键数据进行讨论，提出政策含义。

本书可能的边际学术贡献在于：一是将消费纳入农户生计衡量指标，将已有“退耕还林工程—生产要素配置—收入及其不平等”的研究分析框架进一步拓展延伸至消费及其不平等领域，并充分考虑农户所处社会经济环境和市场条件等重大转型的影响。二是更加重视测度中介效应，基于补助有效性和生计替代界定退耕还林工程对农户收入的直接和间接影响，有助于更好地认识与理解退耕还林工程的影响成因。三是将心理账户理论融入持久收入假说，根据融合与改进后的理论优化实证分析方法，能够更好地解释与量化退耕还林工程对农户消费的影响。四是针对退耕还林工程的特点，探讨了退耕还林工程对农户不同层次消费和不同来源食品消费的影响，深化了学术界关于生态系统服务支付项目（PES）对农户消费的影响研究。五是提炼并完善退耕还林工程等 PES 项目助推农户实现可持续替代生计的理论路径，能够为国内外实施其他类似 PES 项目提供理论基础和现实依据。

刘　浩
2021 年 4 月于北京

目　录

第1章　绪　　论

改革开放40余年以来，我国经济长期保持高速增长，年均增长达9.40%（国家统计局，2019）。在我国经济实现增长奇迹的同时，出现了水土流失加剧、生物多样性减少和湿地萎缩等重大生态问题，严重制约了我国社会经济的可持续发展。与世界各国和地区一样，生态系统恢复成为我国各级政府施政和社会各界关注的焦点之一。为了有效恢复自然生态系统和提升生态系统服务的供给能力，20世纪90年代末期，在整合原有林业生态工程的基础上，我国政府陆续启动了六大林业重点工程，退耕还林工程便是其一。

1.1　研究背景

1999年，甘肃、陕西和四川3省率先开展退耕还林工程试点；2001年，退耕还林工程在全国25个省份正式启动。退耕还林工程以财政投入为主，要求农户把坡耕地和沙化土地转为林地，政府向参与工程的农户发放粮食和生活补助，黄河流域每年每公顷退耕地补助2100元，长江流域每年每公顷补助3150元；管护经费为每年每公顷300元；营造生态林和经济林的补助期分别为8年和5年，要求80%以上的退耕地需要营造生态林，并按照不低于退耕地面积开展荒山匹配造林。2007年，退耕还林补助陆续到期，考虑到“退耕农户长远生计问题的长效机制尚未建立”，停止退耕工程补助不利于农户生计及巩固退耕还林成果，国务院出台的《关于完善退耕还林政策的通知》提出：“延长退耕还林补助”；实施“基本口粮田建设、农村能源建设、生态移民以及补植补造”等项目，引导退耕农户发展后续产业；延长期的年限与前一期相同，但补助标准减半，管护经费补助标准不变。2014 年，我国政府在有条件的地区启动了新一轮退耕还林工程，每公顷补助 27000 元，分 3 次发放。退耕还林工程是世界上财政投入最大、实施范围最广、涉及人口最多的生态恢复工程之一，截至 2019 年年底，退耕还林工程累计完成投资 3157.84 亿元（1999 年不变价），其中国家财政投入占投资总额的 88.94%，工程涉及 1.24 亿农民，共完成造林 2903.80 万公顷，造林规模约占第九次全国森林资源清查结果中集体林地面积的 16%（国家林业和草原局，2020）。

中国政府制定退耕还林工程政策的背景是西部地区生态恶化和国家粮食库存过多。1999 年以前，我国政府实施以粮为纲和粮食安全省长负责制等为主导的“三农”政策措施，出现了屡禁不止的毁林开荒现象，产生了水土流失和生物多样性减少等严重生态问题（雍文涛，1992）。1998 年的全国粮食产量为 1949 年以来的最高点，加上当年中央财政收入创历史新高（国家统计局，2019），为了消化粮食库存和遏制不断恶化的生态环境，1999 年启动了退耕还林工程。与美国休耕计划以及欧洲、加拿大的土地生态恢复项目的启动缘由类似，即缓解粮食过剩和改善生态环境（OECD，1997）。因此，退耕还林工程最初的政策目标为改善西部地区生态状况和解决国家库存粮食过多问题，即以粮食换生态。随着工程实施的进展和社会形势变化的需要，国家和社会赋予退耕还林工程越来越多的政策目标，进而逐渐转变为多目标工程。

与国际上的发展经验与历程相似，我国贫困地区与退耕还林工程区具有高度重叠性（Liu et al.，2010）。实施退耕还林工程客观上有利于改善当地群众的生计状况，这就使原本是政策效应或效果的改善生计，逐渐上升为政策目标。这也客观上致使退耕还林工程由最初的单一生态目标转变为多重目标，包括改善生态环境、消化库存粮、改善农户生计、调整生产结构和发展地区经济等，其中，最核心的两大目标是生态恢复和改善农户生计。《退耕还林条例》提出“应当考虑退耕农民长期的生计需要”和“逐步改善退耕还林者的生活条件。”中共中央、国务院于 2002 年颁布《关于进一步完善退耕还林政策措施的若干意见》指出，“退耕还林工程不但要坚持生态效益优先，还要兼顾农民吃饭、增收以及地方经济的发展。”中共中央、国务院于 2007 年发布的《关于完善退耕还林政策的通知》指出“退耕还林的粮食和生活费补助已成为退耕农户收入的重要组成部分，退耕农户的生活得到改善”，表明对大多数参与退耕还林工程的农户而言，政府给予的现金、种苗费及粮食补助在客观上达到了改善农户生计的效果。应该说，政策目标的转变是退耕还林工程本身可持续发展的需要，亦是退耕还林工程实施区社会经济发展的需要。以民为本、改善农户生计为中国政府致力解决“三农”问题、全面建成小康社会的核心内容，既是相应各级地方政府责任，也是相关各个部门的责任。

党的十九大以来，退耕还林工程受到我国政府前所未有的高度关注，“退耕还林”成为“生态文明建设”“乡村振兴”“精准扶贫”等国家重大战略的重要组成部分。党的十九大报告把“扩大退耕还林还草”作为“加快生态文明体制改革，建设美丽中国”的主要措施之一。2018 年的“中央一号文件”要求“建立成果巩固长效机制”；2019 年的“中央一号文件”提出“扩大退耕还林还草”；2020 年的“中央一号文件”进一步提出“扩大贫困地区退耕还林还草规模”。2021 年“中央一号文件”将“巩固退耕还林还草成果，完善政策、有序推进”列入推进农村优先和绿色发展的重要内容。2012 年以后，上一轮退耕还林工程补助陆续到期，2018～2022 年退耕补助累计到期率分别为 48.33%、77.12%、86.15%、95.63% 和 99.17%（国家林业和草原局，2019），退耕还林工程走向面临十字路口，若农户的生计问题得不到保障，则难以巩固退耕还林工程成果和推动实施新的退耕还林工程。

目前退耕还林工程实施了 22 年，该时期我国社会经济和市场条件等均发生了重大转型，主要表现在：（1）城镇化城市化程度加深，乡村就业劳动力比重从 1999 年的 65.22% 下降到 2017 年的 43.60%（国家统计局农村社会经济调查总队，2000；国家统计局农村社会经济调查司，2018），2014 年的农村劳动力成本比 1999 年提高了 4.37 倍（按不变价计算）（国家计划委员会价格司，2002；国家发展和改革委员会价格司，2018）；（2）1999～2018 年期间，政府从对种植业征收税费到对其进行补贴，并不断加大补贴力度（叶兴庆等，2018）；（3）粮食和农资价格上涨，1999～2018 年，粮食价格和农业生产资料价格分别上涨了 108.29% 和 80.93%（国家统计局，

2018）；（4）林业和种植业经营模式从户户经营向专业化与实现规模经济的方向转变，出现了家庭农场和合作社等多种新型经营主体；（5）在农村生活的人口老龄化日趋明显，对农村相关经营组织选择产生了重大影响，不同经营组织会产生不同的绩效。在名义退耕还林补贴保持不变的前提下，社会经济和市场条件的调整改变了参与退耕还林工程的机会成本，进而影响退耕还林工程改善农户生计的效应。

1.2 问题的提出

为了评估退耕还林工程对农户生计产生的影响，需要回答两个方面的现实问题：一是退耕还林工程是否改善了农户的生计水平？是量的增加还是质的提升？这是非常重要的政策实践问题。二是如此大规模财政投入项目所产生的政策效益是否被广大农户所共享？农户的生计不平等是否发生变化？这是不可忽视的发展理念问题。生计状况评估常以收入和消费为分析指标，对于我国农村家庭而言，农业生产收入受到天气等自然因素的影响较大。相较于收入而言，消费是对人们生计状况更直接和准确的衡量方式，排除了部分收入波动，并能够更好地体现家庭金钱以外的资源（Deaton，1992；Meyer and Sullivan，2010），世界银行长期将消费水平作为衡量贫困的指标，同时基于收入和消费视角开展研究有利于全景反映退耕还林工程对农户生计及其不平等的影响。鉴于此，上述现实问题背后的学术问题可表述为：实施退耕还林工程是否对农户的收入、消费及其不平等的影响？影响程度有多大？影响机理是什么？一般性经济学理论是否适用于解释退耕还林工程对农户收入和消费的影响？为了回答上述问题，本书在明晰退耕还林工程对农户收入、消费及其不平等影响机理的基础上，以持久收入假说为基础，充分考虑社会经济与市场条件变化，构建理论框架和实证模型，利用 8 次跟踪调研获得的长期大样本面板数据，研究我国退耕还林工程对农户收入、消费及其不平等的影响。

1.3　研究目标

本书的总体目标在于：通过规范的经济学理论与方法分析我国退耕还林工程对农户收入、消费及其不平等的影响，深化学术界关于退耕还林工程及其他生态系统服务支付（PES）项目对农户生计的影响研究。具体目标如下：

具体目标 1：将退耕还林工程对农户生计及不平等影响的分析框架从“退耕还林—生产要素配置—收入及其不平等”进一步拓展延伸到消费及其不平等领域，以更全面真实反映退耕还林工程对农户生计的影响。

具体目标 2：在进一步认识和理解退耕还林工程的影响机理的基础上，根据一般经济学理论构建适用于分析退耕还林工程对农户收入、消费及其不平等影响的特定理论框架，并尝试理论融合与改进。

具体目标 3：基于特定理论框架优化计量经济学方法，定量上明晰退耕还林工程对农户收入、消费及其不平等的影响，进而提炼并完善退耕还林工程等 PES 项目助推农户实现可持续替代生计的理论路径。

1.4　研究意义

退耕还林工程已经实施 22 年，已发挥了巨大的生态效益（国家林业和草原局，2020）。目前，我国将生态文明建设置于前所未有的高度，退耕还林作为林业生态建设的重要手段之一，在未来还将继续实施推进。同时，我国正处于“十四五”规划开局、全面建设小康社会和推动乡村振兴战略等关键时期，农户的生计问题事关重大。本书创新性地从收入、消费及其不平等视角，在重新构建分析框架和实证模型的基础上系统研究退耕还林工程对农户生计的影响，具有较高的学术价值和现实意义。

1.4.1 学术价值

大多农地生态恢复项目拥有相似路径，政府在特定时期内向农户提供财政激励，引导其经济结构变化，使其在外部激励终止后实现自我生计替代，开展本研究可以验证、提炼并完善退耕还林工程等生态系统服务支付项目（PES）助推农户实现可持续替代生计这一重要理论路径。针对退耕还林工程对农户生计状况的影响研究，学术界主要以收入作为分析对象，并以“退耕还林工程—生产要素配置—收入及其不平等”作为分析框架，本书将深化学术界关于退耕还林工程对农户生计影响的研究，以收入和消费同时作为生计状况衡量指标，将原有研究分析框架进一步延伸到消费及其不平等领域，从单一的生产行为理论扩展到持久收入假说、心理账户等消费经济理论，将心理账户理论融入持久收入假说，基于此解释退耕还林工程对农户消费及其不平等的影响。在明晰相关影响机理及其传导机制的基础上，充分考虑农户所处社会经济环境和市场条件等重大转型的影响，优化已有计量经济学方法，从而更加深入、准确、全面地评估退耕还林工程对农户生计的影响及其路径。本书构建的分析框架和方法应用能够为开展同类研究提供理论基础、思路借鉴和文献价值，鉴于此，本书具有较高的学术价值。

1.4.2 现实意义

退耕还林工程将改善农户生计作为政策的两大核心目标之一，开展退耕还林工程对农户收入、消费及其不平等的影响研究是对实现政策目标的检验。此外，退耕还林工程补贴第二轮陆续到期，特别是在农业等其他部门政策及社会经济环境变化的影响，退耕还林工程成果巩固存在潜在风险，政策走向面临十字路口，新一轮退耕还林工程已经启动，在“十四五”期间如何推进退耕还林工程是顶层设计所关切的问题。通过研究退耕还林工程对农户收入、消费及其不平等的影响及其传导机制，能够发现可能引起农户生计变化的政策风险点，进而针对性地提出有利于可持续推进退耕还林工程的政策建议，同时，本书也能够为国内外实施其他类似生态恢复项目提供政策依据。

1.5　研究内容、基本方法与技术路线

1.5.1　研究内容

本书共分为 9 个章节，本章为绪论，主要介绍研究背景、研究目标、研究意义、主要研究内容和技术路线。在本章的基础上，第 2 章围绕收入、消费及其不平等影响的研究动态和退耕还林工程及国内外其他生态恢复工程对农户生计的影响进行文献综述，以明确退耕还林工程对农户收入、消费及不平等的影响研究领域的学术不足。第 3 章为理论基础、研究方法与分析框架，将简要介绍本研究可能涉及的基础理论，包括生产要素配置理论、持久收入假说和财政支出再分配理论，利用这些理论建立本书的理论分析框架，为后续实证研究打下理论基础。第 4 章为研究数据，将重点介绍数据的调研、整理和分析情况，为保障后文实证分析的可靠性，此章节将对本书所采用的数据库进行一些统计检验。此外，本章节还将介绍研究区域及样本概况，并将描述样本农户参加退耕还林工程的情况、生产要素、收入、消费等关键指标在研究期内的变化特征。第 5 章主要分析农户对退耕还林工程的主观评价，以初步判断退耕还林工程对农户收入和消费产生的影响及其具体路径。第 6 章、第 7 章和第 8 章为本书的重点，将分别开展退耕还林工程对农户收入、消费、收入及消费不平等影响的实证分析，这 3 章也是本书的重点难点所在。具体而言：

第 6 章为退耕还林工程对农户收入的影响分析。收入是影响消费的关键因素，在进行退耕还林工程对农户消费的影响研究之前，首先需要明确退耕还林工程对农户收入的影响及其路径。本章采用联立方程估计了退耕还林工程对农户不同来源收入的直接影响（退耕还林工程补助产生的效益）和间接影响（退耕还林工程诱致的生产要素配置调整而带来的收入变化）。在估计退耕还林工程间接影响的过程中，分别估计了退耕还林工程对农户不同生产活动土地利用、劳动力和资本投入的影响。

第 7 章为退耕还林工程对农户消费的影响分析。本章根据心理账户理论

改进持久收入假说模型，再根据改进后的持久收入假说优化了扩展线性支出（ELES）系统，开展了退耕还林工程对农户分项持久收入和暂时收入的影响研究，在此基础上，估计了退耕还林工程对农户的总消费、食品消费和其他消费的影响以及上述类型基本性需求消费和非基本性需求消费、粮食和副食等食品的自给性消费和购买性消费的影响，比较全面地刻画了退耕还林工程对农户消费支出及其结构的影响。

第 8 章为退耕还林工程对收入和消费不平等的影响测度与分解。本章在持久收入假说框架下，根据第 7 章的模型估计结果，测度与分解了退耕还林工程对农户收入不平等和消费不平等的贡献度，以此探讨收入不平等和消费不平等的关系以及退耕还林工程形成的收入冲击在两种不平等间的传导方式。

本书的第 9 章为研究结论与政策含义，对第 6 章、第 7 章和第 8 章的经验性结果进行梳理，形成本书的主要结论，并针对重要结论和关键数据进行讨论，提出政策含义。

1.5.2 基本方法

本书采用理论分析和实证研究相结合的方式开展退耕还林工程对农户收入、消费及其不平等的影响研究。

开展理论分析主要运用的方法为文献资料法。收集的文献资料主要包括：（1）与本研究领域有关的行为经济学、生产经济学、消费经济学基本理论和最新研究动态；（2）退耕还林工程有关法律法规、实施进展；（3）退耕还林工程及国内外其他生态恢复工程对农户收入、消费及其不平等的影响研究。通过对上述文献资料对进行全方位综述，发现本领域现有研究进展和学术不足，梳理退耕还林工程影响农户收入、消费及其不平等的基本理论依据和可能存在的影响机理，并以此构建理论分析框架，为建立计量经济学模型提供打下理论基础。

开展实证研究主要涉及两方面的方法，一是数据相关方法，涉及调查问卷设计、样本布点、抽样技术、田野调查、数据录入、数据整理等多个环节（详见第 4 章数据来源）。二是计量经济学相关方法的选择和改进。本书将定量分析退耕还林工程对农户收入、消费及其不平等的影响，其中第 6 章、第 7 章和第 8

章涉及大量计量经济学模型分析，需要根据具体研究内容和数据特点选择适当的计量经济学方法，在一些特定情形下还需要对一般方法进行改进（详见第3章实证方法和对应的实证研究章节），此外，为了保证本书所用数据库的可靠性，需要利用计量经济学方法进行相关的统计检验（详见第4章前期检验）。

1.5.3 技术路线

本书的技术路线见图1-1。研究的基本思路可简要概括为：根据通过文

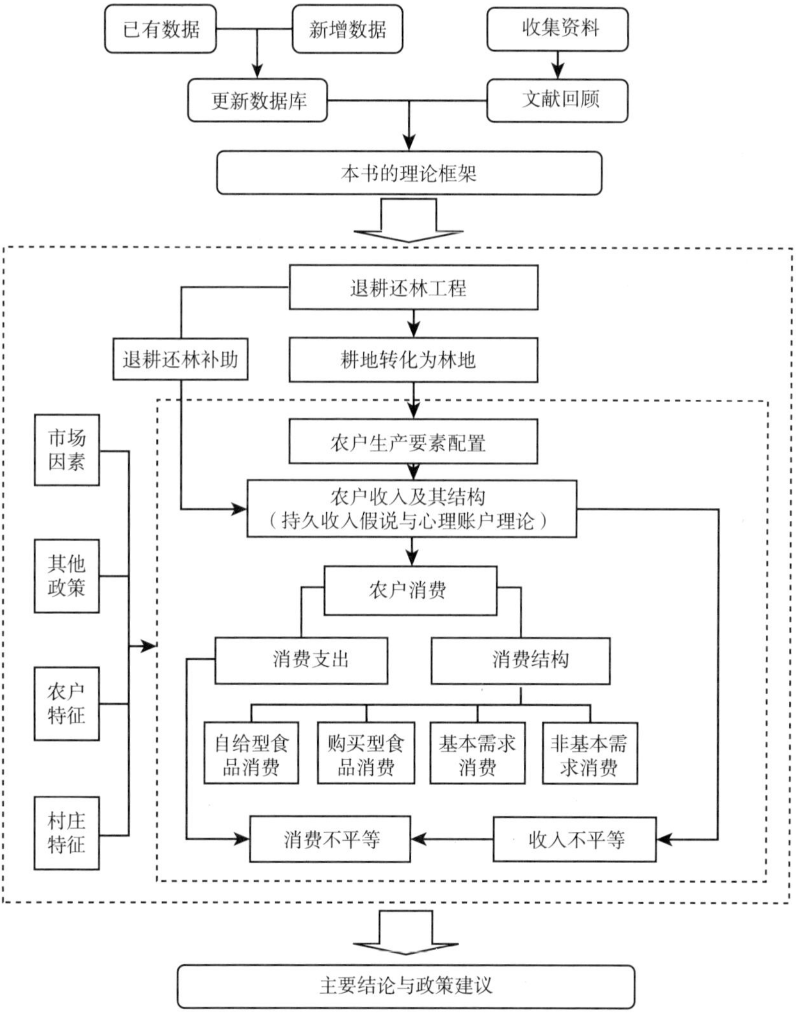

图1-1 研究的技术路线

献查阅明晰退耕还林工程对农户收入、消费及其不平等的影响机理，构建适用于本书的特点理论分析框架。把连续跟踪调研获得的案例县、行政村和样本农户数据有机结合起来，形成多层次长期大样本面板数据库，将基于心理账户理论的持久收入假说理论贯穿于整项研究，充分反映社会经济及市场条件等外部环境变化，优化现有计量经济学相关方法，开展退耕还林工程对农户收入、消费及其不平等的影响研究。在此基础上，针对研究结论提出政策建议。

第2章　文献综述

在经济学理论研究中，收入与消费占据极其重要地位。长期以来，学术界围绕人们的收入和消费问题开展了大量研究，本章在系统回顾农户收入、消费及其不平等的影响因素相关研究进展的基础上，梳理学术界关注退耕还林工程对农户收入、消费及其不平等的影响的已有研究进展，以期进一步明晰退耕还林工程对农户收入、消费及其不平等的影响机制和传导路径，为开展本书提供一些思路与方法借鉴。

2.1　农户收入的影响研究动态

长期以来，收入因其作为社会经济发展和国民生计评价重要指标而受到学术界的关注。从微观层面来看，影响人们收入的因素复杂且多样，可能包括人力资本（Schultz，1961；Todo and Takahashi，2011）、市场波动（Uematsu and Mishra，2011）、税收和补贴政策（Hanson and Eidman，1985；Briggeman，2007）、风险和不确定性（Mishra，1995）、技术进步（Fuentes et al.，2014）、个体异质性（Bitler and Hoynes，2015）和自然因素（Mendelsohn et al.，2007）。国家统计局（2020）将我国农村居民的收入分为家庭经营性收入、工资性收入、财产性收入和转移性收入，不同类型收入的影响因素可能不同，其中最大的区别在于农户的家庭经营性收入、工资性收入和财产性收入均以其要素投入为前提，而转移性收入不以要素投入为前提。在不同导向和界定下，有些学者将生产要素分为土地、物质资本和自身人力资本（张士斌等，2011）；有学者将生产要素分为自有资本、经营才能和劳动力（王凤，2005）。

（1）土地要素投入。在农业生产要素投入中，土地处于基础地位（Islam，2011）。胡亦琴等（2020）探讨了土地要素投入及风险对农民收入的影响，土地要素投入对农民收入有正向影响，其可得性风险亦显著影响农户收入。土地流转是获得土地要素的重要方式，Deininger 和 Jin（2005）分析了土地流转对农业经营性收入的影响；冒佩华和徐骥（2015）发现农地经营权流转有助于增加农户收入。Zhang 等（2018）认为，土地转入方有机会实现规模经济进而获得额外收益。土地转出方可能通过增加非农就业提高非农收入（许恒周和郭玉燕，2011；田传浩和李明坤，2014）。同时，柯炼等（2019）发现管理技术滞后、若政府支持和流转市场不完善等导致土地流转对农民增收的影响不显著。

（2）人力资本与教育。有学者认为个体能力和机会差异是形成收入差异的主要原因（陈斌开和曹文举，2013）。Schultz（1961）从理论上阐释了知识、技能等人力资本对收入的重要性。一些学者开展了人力资本或教育支出对收入的实证影响分析。农民文化水平与收入水平呈显著正相关（马立伟和王礼力，2009）；任国强（2004）发现农户的人力资本与其非农收入呈显著正相关。徐辉和黎东升（2011）发现教育型人力资本对农民收入具有正向影响。Björn 等（2004）认为，财政教育投资有助于缓解贫困。通过技能培训可以显著提高农民的生产效率，进而增加农业收入（Todo and Takahashi，2011）。彭妮娅（2021）认为财政教育投资对我国贫困地区农民收入提升具有促进作用。

（3）生产效率变化。有学者尝试从生产效率变化的视角解释农户的收入变化。余长坤等（2014）认为集约利用耕地对农户收入的影响为正且递增。王爱民和李子联（2014）认为技术进步对产品优化、品种多样化和劳动力转移的影响显著提高农民收入，技术进步对农业生产效率的影响显著降低了农民收入，综合多种路径下的影响为正。一些学者基于机械化水平（刘玉铭和刘伟，2007；曹娜，2011）和农产品质量（张杰，2012）等视角探讨了农户收入的影响因素。持不同观点的黄祖辉和钱峰燕（2003）发现技术进步与农民增收呈负相关，原因在于农产品价格下降冲抵了产量提高带来的收入增长。

也有研究发现技术进步对农民收入的短期和长期影响迥异（周波和陈昭玖，2011）。

（4）产业结构调整。部分研究认为产业结构优化调整促进了农户收入增长。产业结构优化是提高我国农民收入的重要途径（林毅夫，2002）。杨玲（2017）、芮田生和阎洪（2012）发现产业结构显著影响农民的收入水平。我国农业产业结构调整与农民收入具有联动关系（李国祥，2005），但该影响存在区域差异（汤丹，2016）。一些研究强调非农就业机会是影响农户收入的关键因素（郭燕枝和刘旭，2011）。徐汉明和刘春伟（2012）认为非农化进程有助于推动农户提高财产性收入，兼业化生产提高将显著影响农户的收入水平（梅建明，2003；魏建等，2019）。同时，也有学者认为劳动力流动、种植结构调整等在2000年之后推动农民收入增长已明显放缓（张士斌等，2011）。

（5）农村金融发展。学术界关于农村金融发展对农户增收的影响尚有较大争论。温涛等（2005）发现我国金融发展对农民收入增长具有显著的负效应，原因是金融体制和金融资源错配。周一鹿等（2010）发现增加农村金融贷款不利于农民收入的长期增长，原因在于金融资源与农村发展需求不匹配，导致配置效率不高。李倩和杜江（2020）认为金融支农与农户增收无显著关联。但同时，有研究认为农村金融对农户增收具有推动作用（Li et al.，2010），农业信贷投入对农民收入具有空间溢出效应（董昕，2019）。由政府主导的农业信贷可以显著增加农民的非农收入（Binswanger and Khandker，1995）。随着农村金融体制不断完善，数字普惠金融对于提升农村居民收入具有显著效应（陈丹和姚明明，2019）；胡帮勇和郎永建（2013）发现农村金融发展结构、规模和效率对增加农户非农收入的影响程度依次减弱。陶建平和田杰（2011）认为，农村金融的增收效应在我国地理分布上呈现出东、中、西逐渐减弱。农村金融促进农户增收针对不同经济发展水平存在门槛效应（杜江等，2017）。农村金融的增收效益强依赖于提高农业科技投增加（刘玉春和修长柏，2013）。陈亮和陶冶（2017）将农村金融分为正规和非正规金融后发现：正规与非正规金融发展对农民增收均有正向影响，且非正规金融的影响程度更大。

（6）市场相关因素。张冬平和刘旗（2002）探讨了农产品价格波动对不同收入群体收入的影响，相较于高收入群体而言，低收入群体受农产品价格变化的影响更大。陈冲（2011）探讨了市场和自然两种风险对农户收入的影响，自然风险对收入的影响为负，在大多数时期市场风险对收入的影响为正。王方红（2009）认为农村的社会化服务可以推动农民实现收入增长。刘根荣和慈宇（2017）分析了农产品流通创新对农民收入的影响。

2.2 农户消费的影响研究动态

从经济学视角来看，消费作为经济活动的终点，实现效用的途径，既能够反映消费者的生理和心理需求，又能准确表征消费者的生计水平，《联合国千年发展目标》将消费水平作为全球公认的界定贫困标准的指标。从 18 世纪最早将消费思想引入经济学范畴的斯密，到研究个人消费选择获得 2015 年诺贝尔经济学奖的迪顿，3 个多世纪以来，众多经济学家和学者围绕消费问题开展了大量研究。有关消费思想的可溯源于古典经济学中，Smith（1776）、Say（1803）、Sismondi（1819）基于对消费的不同认识论述了其在经济发展中的重要性。在新古典经济学中，Bohm - Bawerk（1884）应用边际分析于消费问题研究；Marshall（1890）认为经济学研究需要重视消费者需求，提出需求引导再生产的观点。进入 20 世纪后，学者们围绕消费理论开展了大量研究，新的消费理论不断涌现。基于这些理论也同时开展了大量的实证研究，但至今尚未得到一致的结论，足以表明消费仍是当今经济学界的主要关注点之一。

在现实生活中，影响人们消费行为的因素众多，可能包括收入水平、风险和不确定性、消费习惯、消费环境、心理因素和家庭财富等。消费行为涵盖消费水平和消费结构两个方面，梳理影响消费行为的因素，可以为研究退耕还林工程对农户消费水平及其结构的影响提供思路。

（1）收入与消费的关系。收入是影响人们消费决策的重要因素，长期以来，学术界对于收入与消费的关系一直存在分歧，相继提出绝对收入假说（Keynes，1936）、相对收入假说（Duesenberry，1949）、生命周期假说（Modigliani and Brunburg，1954）和持久收入假说（Friedman，1957）。绝对收入假说认为人们的当期消费行为由当期收入决定；相对收入假说突出了人们前一年的消费水平（“棘轮效应”）和周围其他消费者行为（“示范效应”）对当期消费的影响；生命周期假说认为人们会理性规划人生每个阶段的消费行为，当期消费行为会受到预期的终身收入和财富的影响。持久收入假说认为人们将根据过往较长一段时期的收入水平制订当期的消费计划。Campbell 和 Mankiw（1991）认为经济中存在着多种消费行为不同的消费者，部分消费者则遵循绝对收入假说，但大部分消费者遵循生命周期假说或持久收入假说。

（2）风险和不确定性。针对现实中存在的风险和不确定性，很多学者尝试利用预防性储蓄来补充收入假说无法解释消费行为的部分。Leland（1968）提出预防性储蓄理论，认为受到未来收支不确定性的影响，消费者会减少当期消费而增加当期储蓄。Carroll（1992）的储蓄缓冲存货理论认为，消费者的消费增长率与同期的不确定性呈负相关关系。利用不同的微观数据和实证方法，Zeldes（1989）和 Skinner（1987）证实未来收入不确定的增加将显著减少当期消费水平。Cutler 和 Katz（1992）认为农民的收入比较容易受到暂时性冲击的影响，其波动性往往较大，种植业收入更会受到天气等自然因素的影响。种植业收入的较大不确定性时常会导致农户的预防性储蓄增加（Giles and Yoo，2007）。在多重社会经济背景转型下，中国农户面临较大不确定性，涉及政策、市场和自然因素等方面（余永定和李军，2000），农村社会保障体系建设相对滞后（史清华等，2005），导致消费者的收入预期发生变化，进而促使其调整储蓄和投资倾向，最终反映于当期消费倾向下降（杭斌，2001；杜海韬和邓翔，2005；樊潇彦等，2007；孙文凯和白重恩，2008）。Zhang 和 Wan（2004）发现20世纪80~90年代的收入不确定性显著减少了中国居民的消费支出，如预期下岗风险的提高将迫使职工减少消费支出（孟昕和黄少卿，2001）。由于对未来不确定性的预期增大，农户将持久收入中的增量大部分分配至储蓄（杭斌和申春兰，2005）。一些学者认为预防性储蓄增大可能是中国低消费增长和内需不足的重要原因之一（万广华等，2001；赵霞和刘彦平，2006；高梦滔等，2008）；方松海（2011）认为农村信贷约束限制了中国农村居民的消费平滑。

（3）“棘轮效应”和“示范效应”。Duesenberry（1949）认为“棘轮效应”和“示范效应”会影响人们的消费行为。“棘轮效应”又称“习惯形成”，是指消费者的消费行为受到个人过去消费行为的影响，表现为当期收入的下降时，消费支出下降比例小于收入下降的比例，当期收入的提高也不会导致消费支出迅速增加。一些学者的研究结论证实了“棘轮效应”的存在。在消费习惯形成以后，人们的改变消费行为的可能性更小且更缓慢（Deaton，1992）。Angelini（2009）发现消费习惯能够显著降低务工收入风险对消费行为影响。美国居民滞后一期的食品消费对当期食品消费具有显著影响（Dynan，2000）。美国居民的消费行为受习惯的影响，但影响程度因居民的异质性而异（Naik and Moore，1996）。基于对荷兰居民储蓄和消费行为的调查，Alessie 和 Teppa（2010）证实消费习惯形成的确存在。朱信凯和雷海章（2000）发现中国农村居民消费行为表现出较强的“棘轮效应”。贾男和张亮亮（2011）从“习惯形成”的角度解释了中国农村居民消费倾向持续偏低的现象。此外，国内很多研究将“习惯形成”作为影响中国农村居民消费的一个重要解释变量（艾春荣和汪伟，2008；李文星等，2008；雷钦礼，2009；杭斌，2010；崔海燕和范纪珍，2011；王敏琴等，2015），从心理动机上来讲，对社会地位的追求导致产生消费“示范效应”。当人们发现其周边人群的消费水平不断上升，而自身消费水平相对下降时，就会认为其社会地位下降，使其产生一种挫败感，并模仿别人的消费行为，提高自身的消费水平，进而降低这种挫败感（钟成林，2015）。有研究结论发现消费示范效应与地理上的距离有关，距离越接近，其消费习惯越趋同（王敏琴等，2015）；且具有一定时滞性，如农民进城务工的时间与其周边城镇居民对他们形成的示范效应呈显著正相关（廖直东，2014）。郭亚帆和曹景林（2015）认为不同收入阶层的消费者受示范效应的影响程度可能不同，相较于对高收入阶层消费者的影响，示范效应对低收入消费者的影响显著较小。根据消费示范效应作用机理，有学者将消费结构变化分为“结构效应”和“质量效应”（钟成林，2015）。一些研究基于微观数据证明了消费示范效应的存在（易行健等，2012；方福前和俞剑，2014；钟成林，2015）。

（4）心理账户。基于心理因素对人们消费行为的影响，学术界进一步将“心理账户”引入对消费行为的解释。Thaler（1985）认为，消费者会根据收入来源建立多个不同性质的心理账户，如将获取较易的收入放入消费倾向较高的“现金账户”，并将获取不易的收入放入消费倾向较低的“资产账户”，且每个账户有独立的预算和消费规则。特别是对于来源差异比较明显的收入类型，其消费支出的替代性不高（Cagan，1965；Shefrin and Thaler，1988）。但也有学者认为：心理账户对消费决策的影响不显著或因人而异（Langemeier and Patrick，1993；Kwon et al.，2006）。近年来，中国农民产业结构呈现多元化趋势，兼业生产已成为普遍现象，不同生产的方式、不确定性和可预期性差异较大。一些学者的研究结论证实了心理账户对中国农村居民消费行为的影响（李锐和项海容，2004；李谷成和冯中朝，2004；李敬强和徐会奇，2009）。在不确定性因素的作用下，中国农村居民的收入结构差异会反映于消费行为差异（张秋惠和刘金星，2010），针对不同类型的收入，对消费决策的影响机制也不相同，进而表现为该类收入对特定消费类型的偏好（周建等，2013）。从不同行业获得的收入可能形成独立的收入预期，因此，对于两个消费偏好无差异的个体而言，即使收入数量上相同，收入结构性差异也会体现于消费行为上。来自实证研究的结论证明了上述观点，转移性收入的消费倾向最高，其次是财产性收入，再次是家庭农业经营性收入，非农收入的消费倾向最低（彭小辉等，2013）。温涛等（2013）发现相比于其他收入来源，家庭经营收入对农户消费支出的贡献显著较高。

（5）财富效应。一些研究认为财富效应是指在预期之外的财富增长将促进家庭的消费行为（Campbell and Cocoo，2007）。财富效应关心的核心问题是，当家庭资产价值发生变化时，居民消费会不会随之波动（李涛和陈斌开，2014）。一些文献分析家庭资产与消费支出的关系，发现不同类型资产对居民消费的影响可能存在明显差异其作用机制也各不相同（Carroll et al.，2006），因此需要分别进行研究。Bostic 等（2009）比较了不同家庭资产类型产生的财富效应，发现住房资产对消费支出的影响较大。李涛和陈斌开（2014）的研究结论则相反，即家庭住房资产不存在财富效应，但家庭生产性固定资产具有明显的财富效应。在对生产性固定资产进一步分类后，虞斌（2014）发现财富效应仅适用于解释我国农村居民的部分消费行为，财富增长仅对农村居民的基本生存型消费具有促进作用，对更高层次的发展型消费无显著影响。

黄静和屠梅曾（2009）、卢建新（2015）利用不同区域数据证实中国居民家庭资产与消费支出具有正向相关关系；Levin（1998）和 Browning 等（2013）发现家庭资产的财富效应并不显著。此外，Cho（2011）发现高收入者和低收入者的财富效应不同，且差异在统计上较为显著。Khalifa 等（2013）发现不同收入人群的财富效应不同，低收入者和中等收入者的财富效应较明显，高收入者的财富效应不显著。就中国城乡而言，冯涛等（2010）认为资产价格波动的财富效应在城市显著大于农村。

2.3 农户收入和消费不平等的影响研究动态

改革开放以来，我国经济实现高速增长，随着农村居民的收入和消费水平不断提高，农村收入和消费差距也被逐渐拉大，农户收入和消费不平等受到学术界广泛关注。

基于一些微观层面，许庆等（2008）认为土地细碎化有助于就提高农民收入并降低收入不平等，原因在于关键性生产资料实现了公平分配。劳动力配置方面，由于低收入群体劳动力的边际收益较低，故在转移至非农行业后能获得更大的收益提升（刘魏和张应良，2018）。陈宏伟和穆月英（2020）认为本地非农劳动力投入和外出打工均可以缩小农户的收入不平等。程名望等（2015）亦认为外出打动具有可以缩小农户收入不平等。万广华（2008）、Du 等（2005）认为非农活动可以增加农户收入，但同时也拉大了收入不平等。此外，一些学者探讨了创业行为对收入不平等的影响（程锐，2019；Halvarsson et al.，2018）。一些研究探讨了不同资本类型在形成收入不平等中的作用。高梦滔和姚洋（2006）分析了物质资本和人力资本在形成农户收入差距中的作用。有研究发现物质资本和金融资本拉大了我国农户的收入不平等（程名望等，2016），人力资本是缩小收入不平等的重要因素（Arshed et al.，2019）。在特定情形中，李聪等（2019）分析了在异地搬迁后社会资本对缩小农户收入不平等的重要性。杨晶等（2019）认为人力资本和社会资本可以有效降低失地农户的收入不平等。

围绕消费不平等的成因学术界开展了大量研究。收入是影响农户消费行为的主要因素，收入不平等亦是消费不平等的主要成因（Deaton and Paxson, 1994），通过支付能力，个体间的收入不平等传递至消费不平等（孙豪等，2019）。学术界热衷于探讨收入不平等与消费不平等之间的关系（Blundell and Preston, 1998）。一般而言情况下，低收入家庭的边际消费倾向远大于高收入家庭（Blundell et al., 2008；甘犁等，2018），导致消费不平等小于收入不平等（Barrett et al., 2000；Krueger and Perri, 2006；Jappelli and Pistaferri, 2010；邹红等，2013）。当收入受到外部冲击时，收入不平等的变化传导至消费不平等（Ohtake and Saito, 1997），进而使收入不平等与消费不平等呈现一致平行变化（Cutler and Katz, 1992；Aguiar and Bils, 2011；Attanasio and Pistaferri, 2012），一些研究发现消费不平等变化小于收入不平等变化（Barrett et al., 2000；Blundell et al., 1998），Krueger 和 Perri（2006）发现美国 1972～1998 年的收入不平等增加了 20%，消费不平等仅增加了 2%；Fisher 等（2012）发现美国 1985～2005 年的消费不平等增速是收入不平等的 1/3。Blundell 和 Preston（1998）认为消费不平等和收入不平等变化趋势分离是源于家庭存在借贷和储蓄等收入波动平滑机制。将收入冲击划分为暂时冲击和持久冲击，暂时冲击形成的收入不平等经平滑机制不会或仅有少量传导至消费不平等，持久冲击形成的收入不平等无法被平滑，几乎完全转移给了消费不平等（Primiceri and Rens, 2007）。如果不区分持久冲击和暂时冲击，有可能将消费不平等的下降误认为风险机制得到了完善（Blundell et al., 2008）。持久冲击将改变人们的预期，消费不平等体现为预期到的冲击，未预期的冲击阻断了收入不平等直接向消费不平等传导（邹红等，2013）。基于中国消费不平等的研究发现，中国居民消费不平等的变化源于收入不平等的变化（邹红等，2013）。消费不平等紧密跟随收入不平等走势（Cai et al., 2010），变动幅度小于收入不平等，收入波动平滑机制存在于中国城镇和农村地区（曲兆鹏和赵忠，2008；郭新华，2014；朱梦冰，2018），杨继东（2012）发现持久收入不平等是导致消费不平等程度加深的重要因素。我国城镇居民的收入基尼系数显著相关于居民整体消费倾向（臧旭恒和张继海，2005）。除了收入之外，家庭财富对城镇家庭的消费不平等具有显著影响（李涛和么海亮，

2013；朱梦冰，2018），年龄、教育和家庭规模是影响中国农村居民消费不平等的主要因素（曲兆鹏和赵忠，2008），人力资本通过影响非农就业来降低农户的消费不平等（杨晶和黄云，2019）。

2.4 公共政策与农户的收入、消费及其不平等

作为我国乃至全球财政投入最大、涉及人口最多的生态恢复工程之一，退耕还林工程具有公共政策的属性。收入、消费及其不平等常作为公共政策经济效益评价的重要内容，学术界围绕涉农公共政策如何影响农户收入、消费及其不平等开展了大量研究探索。

2.4.1 公共政策与农户收入

学术界很多研究分析了农业补贴政策对农业生产和农户收入的影响（黄季焜等，2011）。Briggeman（2007）认为政府补贴增加了农业生产的获益能力，从而可能增加农业收入。农业支持政策可以部分降低由生产资料价格波动带来的对农户收入的不利影响（谷征，2014）。农业补贴对提高粮食种植规模（王欧和杨进，2014）、粮食总产量（陈飞等，2010）和农业生产效率（朱满德等，2015）具有正向影响，进而提高农业收入。同时，也有研究认为粮食直补产生的政策效应比较有限，由于补贴标准偏低且目标靶向不清导致对农户粮食种植规模和收入增长的贡献较低（马彦丽和杨云，2005）。在农业补贴之外，还有一些研究关注于农村税费改革、土地产权改革和农业保险等对农户收入的影响。方齐云等（2005）发现短期内农村税费改革对农民收入增长的影响不显著。一些研究探讨了农业保险对农民收入的影响及区域差异（李勇斌，2018；张小东和孙蓉，2015）。

此外，还有大量学者关注于涉农公共投资对农户收入的影响。就影响效果而言，Barrios（2008）认为国家涉农公共投资有助于促进农村发展和农民收入增长，大部分研究认为我国财政支农对农户收入具有正向影响（杨林娟和戴亨钊，2008；杨建利和岳正华，2013）。农村基建投资对农户收入具有积

极影响（李锐，2003；闫俊强和李大胜，2008）；杜玉红和黄小舟（2006）发现我国农业财政支出可以调节农民收入以实现稳定增长。一些持反对观点的研究发现，人均财政支农支出和农村人均固定资产投资对农户工资性收入的影响不显著（张占贞和王兆君，2010），农村基础设施投资促进农民收入增长不足且因投资类型而异（陈银娥等，2012）。就影响机制而言，公共投资能够间接提高农户投资的边际收益，进而激励农户增加投资（Fedderke et al.，2006）。何蒲明和黎东升（2008）认为公共投资直接改善了农业生产条件，进而对农业产出和农民收入具有积极影响。唐娟莉和朱玉春（2012）分析了农村的公共投资对农户收入的影响，发现农村公共投资可以实现规模经济，由此带来就业机会增多促进农户收入增长，而农业基建投资具有收入再分配效益。通过促进劳动力转移与提升农业生产效率，农村固定资产投资对农户增收的助推作用，具有阶段性特征（孔荣和梁永，2009）。赵勇智等（2019）发现农业综合开发投资有助于农民增收，土地治理项目和产业化经营项目的影响机制和作用对象不同。就影响特点而言，对于不同类型的财政支农资金（罗东和矫健，2014），在不同区域（刘振彪，2011）对农户收入的影响差异显著。何先平和陈硕（2009）发现不同的财政支农对农民收入具有不同影响，得益于支出方式和受益群体，农村救济费支出的影响最大，农村基建、科技等方面投资的影响不显著。尹文静和McConnel（2014）发现农村公共投资对农民收入的影响因地区经济水平、社会环境、地理气候、人文背景等因素而异，且关系随着时间波动。朱湖根等（2007）认为财政支持农业产业化经营对农民增收的影响具有显著滞后性。王健和胡美玲（2019）分析了农村投资对农民收入的影响，农业投资增加了农民的经营性收入，非农投资增加了农民的经营性收入和工资性收入，且上述影响呈现出省际差异。

2.4.2 公共政策与农户消费

政府实施的某些公共政策会直接或间接地影响居民的消费。凯恩斯学派认为需要通过增加公共投资提高全社会的有效需求，尤其非生产行业的公共投资，如实施公共政策（工程），可以间接提高人们的收入进而转化为消费增长。在短期内，失业保险仅对失业者的消费水平具有一定支撑作用，但在长期内的效果不显著（Gruber，1997）。但也有研究认为社会保险可以显著影响人们未来的收入预期，进而降低人们的储蓄水平并提高消费支出（Hubbard et al.，1995），政府的财政支出与国民消费水平呈显著正相关，并促进消费结构改善（Brooks and Barnett，2010）。杨继生和司书耀（2011）认为政策环境因素的收入效应具有渐进性，而其对人们消费意愿的影响是突变性的，并且具有记忆能力。一些学者关注于中国新农合与新农保等农村社会保障政策对消费产生的影响（甘犁等，2010；白重恩等，2012；陈华帅和曾毅，2013），发现这些政策在一定程度上减少农村居民面对的未来不确定性，对居民当前消费产生了积极影响。长期来看，社会保障支出对我国农村居民消费有促进作用，影响系数为0.1702，但在短期内的影响不显著（姜百臣等，2010）。李锐（2009）认为能够通过进一步完善农村社会保障体系来增强农民的消费信心。有研究发现农业税费减免对我国农村居民消费亦有促进作用，农业税彻底免除后，农村居民表现出了持续且强劲的消费信心（汪伟等，2013）。张川川和陈斌开（2014）着重探讨了我国农村养老保险与老龄农户消费的关系，虽有正向促进作用但受农户异质性影响显著，农户的健康状况是其消费水平和结构的决定性因素之一。

2.4.3 公共政策与农户收入和消费不平等

公共政策对收入不平等的影响受到学术界广泛关注。Calderon and Seven（2004）认为强化公共投资能有效缩小欠发达国家居民的收入不平等。一些研究关注于公共教育支出对收入不平等的影响（Glomm and Ravikumar，2003；张小芳等，2020）。税收制度对我国居民收入不平等的具有显著影响（常世旺和韩仁月，2015；岳希明等，2012）。宋高燕和邓宏图（2019）从制度变迁和政府再分配能力视角探讨了我国城乡居民收入不平等的影响。Wong（2016）指出腐败亦是公共支出分配效应的影响因素之一，如果无法作用于精英之外的广大群体，公共支出就会拉大收入不平等（Dobson and Ramlogan，2010）。具体到涉农政策而言，一些研究关注于我国农村社会保障政策对收入不平等的影响（王延中等，2016；杨天宇，2018）。杨晶和邓悦（2020）认为我国农村养老保险对农户收入不平等产生了直接和间接调节效应，直接效应体现为转移性收入增加，间接效应体现为收入预期促进农户增加就业。持不同观点的学者认为政策和制度偏好导致养老保险制度加剧了我国老龄群体的收入不平等（Li et al.，2020）。已有大量学者关注农业补贴对农户收入不平等的影响。钟甫宁等（2008）着重探讨了农业补贴的收入分配效应。杨丹等（2020）发现农业补贴可以降低农户收入不平等，原因在于农业补贴仅对低收入农户具有增收效应，对高收入农户的影响不显著，但该影响仅体现于我国的中西部地区。该分配效应原因于农业补贴特有的靶向性，补贴资金更多分配至以农业为主的农户（Ahearn and Strickland，1985），较少分配至以非农产业为主的农户，由于非农收入为主的农户收入水平较高，进而缩小了两类农户的收入差距（Heerink et al.，2006）。李雪等（2019）开展的实证研究发现提高粮食收购价格和增加种粮补贴有助于提高贫困群体的收入，增加种粮补贴收入有利于缩小收入不平等。

消费不平等是政治社会经济制度安排的事后结果（夏庆杰等，2019），政府转移支付对消费不平等具有重要作用（Blundell et al.，2008），农业生产支持政策对降低中国居民的消费不平等具有显著作用（林毅夫和陈斌开，2009）。制度安排可能通过直接路径和间接路径影响居民的消费不平等，直接路径主要是改变居民的消费环境、资源和机会，间接路径主要是使居民的支付能力形成差异（孙豪等，2019），其导致的收入不平等是消费能力不平等的重要体现。公共政策与收入不平等的关系存在较大分歧，制度完善和政策优化被视为调控居民收入分配的重要手段之一（王小鲁和樊纲，2004），一些学者发现公共教育和社会保障等方面的财政支出可以降低收入不平等（Glomm and Kaganovich，2008；Jerrim et al.，2015）。与此同时，沈坤荣和张璟（2007）发现由于政府重视程度不够和目标出现偏差，使得政府公共支出在降低城乡居民收入差距上的作用并不显著。Fan 和 Yao（2006）研究了 1993～2002 年中国农村财政支出、地方税收和地区收入分配情况，认为财政均等化政策有助于内陆地区的公共服务均等化供给，但最终难以实现收入的均等分配。此外，不完善的政策和制度设计可能拉大居民的收入不平等（Gottschalk et al.，2008），谢颖等（2107）基于 1978～2014 年我国相关经济数据发现增加公共支出使劳动者和资本所有者收入不平等拉大。

2.5 生态系统服务支付（PES）与农户收入、消费及其不平等

近年来，生态系统服务支付（PES）取代综合生态系统管理（IEM），逐渐成为生态恢复和生态系统服务供给的一种重要措施，同时也成为生态经济理论与政策研究热点之一（MA，2005；Arriagada and Perrings，2011；Alix－Garcia and Wolff，2014）。为了提供生态系统服务，各国与地区陆续启动了一批利用财政手段的 PES 项目（Wunder et al.，2008；Schomers and Matzdorf，2013）。如美国土地休耕项目（CRP）（Cowan and Johnson，2008）、加拿大的永久覆盖计划（McMaster and Davis，2001）、欧盟的农业生态改善项目（OECD，1997）和哥斯达尼加的环境服务支付项目（Zbinden and Lee，2005）。这些项目采取现金支付、实物补偿、减免税费、产权激励和项目开发等激励手段促进当地居民在特定时期内改变土地利用方式，以提供生态服务（Wunder et al.，2008；Schomers and Matzdorf，2013），并致力于实现改善生态环境和居民生计的双重效益（Bulte et al.，2008；Bremer et al.，2014）。学术界围绕 PES 已开展了大量研究，包括 PES 内涵界定（Wunder et al.，2008；Pascual et al.，2010）、PES 的应用（Daily and Matson，2008）、PES 与农村贫困（Bulte et al.，2008）以及如何推广 PES（Farley and Costanza，2010）。但缺乏对于如何采取市场化机制和措施来保护和管理生态系统的研究，如何权衡 PES 的生态保护和生计问题尚未取得一致意见（Wunder et al.，2008；Pascual et al.，2010；Miteva et al.，2012）。

复杂多样的 PES 对农户生计改善产生了多重且不确定的效果（Ostrom，2007；Muradian et al.，2010；Yin and Zhao，2012）。有大量研究以收入和消费作为生计指标分析 PES 对农户生计的影响。一些学者发现参与 CRP 促使土地所有者的土地利用和劳动力投入发生变化（Hines and Sommer，1991）。Daw 等（2011）认为墨西哥西部地区实施的 PES 增加了农户的劳动就业和获得现金收入的机会。基于泰国（Thompson，2018）、越南（Kolinjivadi and Sunderland，2012）和哥斯达黎加（Daniels et al.，2010）的研究发现：实施PES并未使参与者的生产要素配置得到优化。在生产要素配置变化的基础上，一些学者讨论了PES实施与参与者收入增长和收入多元化的关系（Greiner et al.，2003；Putten et al.，2011；Petrzelka et al.，2012）。通过参与社区活动，菲律宾实施的PES项目增加了农户的收入来源（Thompson，2017）；墨西哥Coatepec地区实施的PES对土地所有者年收入的贡献率约为1%～3%（Scullion et al.，2011）。同时，还有研究发现CRP促进了土地所有者从事更多非农活动进而增加非农收入（Loftus and Kraft，2003；Lambert et al.，2007；Dickinson et al.，2012）。但在农业生产方面，一些学者认为参加CRP显著减少了农户的农业收入水平（Martin and Michael，1988；Chang et al.，2008）。针对其他类似PES项目对农户消费的影响，有研究发现美国土地休耕项目（CRP）改变了农场主的消费行为（Martin et al.，1988；Hines and Sommer，1991；Sullivan and Bride，2004；Chang et al.，2008）和消费不平等（Chang and Boisvert，2009）；在相对自给自足的农村，农户的消费非常有可能受到参加CRP的负面影响（Martin and Michael，1988）。在中国实施的林业生态恢复项目中，一些学者发现天然林保护工程与野生动植物保护区建设工程对周边农户的能源消费产生了负面影响（Eugenia et al.，2004；徐晋涛等，2003；吴伟光等，2012；韩锋等，2014）。

2.6 退耕还林工程与农户收入、消费及其不平等

如前文所述，公共政策是影响居民收入和消费的重要因素，退耕还林工程作为中国乃至全球范围内投资规模最大、涉及人口最多的生态恢复项目之一，受到社会各界的广泛关注，学术界围绕退耕还林工程对农户收入与消费的影响开展了大量研究探索。

2.6.1 退耕还林工程与农户收入

近年来，随着中国退耕还林工程的深入，该工程产生的经济效益越发受

到学术界的关注，大量学者围绕退耕还林工程对农户收入水平（支玲和邵爱英，2001；陶然等，2004；李怒云，2004；徐晋涛等，2004；Weyerhaeuser et al.，2005；刘璨和张巍，2006；Uchida et al.，2007；Liu et al.，2010；Yin et al.，2014；王庶和岳希明，2017）和收入结构（胡霞，2005；王爱民，2005；林业重点工程与消除贫困问题研究课题组，2008；Liu et al.，2014；Yin et al.，2018）的影响开展了实证研究，其结论存在一些分歧。把退耕还林工程补助与农户放弃的种植业收入进行对比，一些研究发现绝大部分退耕地块的机会成本低于国家补贴标准（陶然等，2004；支玲等，2004；杞银凤，2008；Chen et al.，2009；Lin and Yao，2014），但粮食价格上涨和补助减半等导致退耕工程所产生的激励显著降低（Komarek et al.，2014），同时补助到期将对农户收入形成一定冲击（Yang and Xu，2013）。一些文献认为实施退耕还林工程改变了农户的土地利用模式，从而促使农户优化其生产要素配置（胡霞，2005；王爱民，2005；Liu et al.，2010；Liu et al.，2014），从种植业上释放的劳动力和资本转移至林业和畜牧业（王秋菊和王立群，2009；江丽等，2011）或非农行业（陈林霞和何绍明，2008；王春梅，2009；查小春和赖作莲，2010；王庶和岳希明，2017；Yin et al.，2018），引起农户收入及其结构变化，进而促进农户的生计多样化和增收（Xu et al.，2010；Liu and Lan，2015；Treacy et al.，2018）。李蕾等（2004）、余劲和折小龙（2011）认为退耕还林工程促进农户提高耕地利用强度，种植业的集约化经营程度提高，这些变化均有利于提高农户收入水平。有学者认为退耕还林工程对农户收入产生了负面影响（徐晋涛等，2004；谢旭轩等，2011）或影响甚微（韩洪云和史中美，2010；Wang and Maclaren，2011；Yin et al.，2014），且在不同实施阶段（Liu et al.，2014；Yin et al.，2018）、实施区域（Liu et al.，2010；邓吉龙，2018）和实施方式（Duan et al.，2015）对不同类型农户收入的影响各异（Liang et al.，2012；Li et al.，2015）。

2.6.2 退耕还林工程与农户消费

退耕还林工程与农户消费支出方面，刘浩（2011）利用6省2070个样本农户1995~2008年的数据测算了样本农户的持久收入和暂时收入，估计了退耕还林工程对农户总消费和食品消费的影响。退耕还林工程与农户消费结构方面，李桦等（2006）利用陕西省吴起县1619个样本农户数据分析了退耕还林工程对农户消费结构的影响，发现农户的消费结构得到升级，恩格尔系数下降，文化娱乐消费的比重明显上升。一些学者将农户参加退耕还林工程前后的消费水平和消费结构进行比较（张晓蕾和姚顺波，2008；张红霞等，2009），张红霞等（2009）认为农户的消费水平未得到显著提高；但张晓蕾和姚顺波（2008）认为农户的消费结构得到显著改善。基于持久收入假说理论和与本研究相同的微观数据库，王剑波（2013）采用扩展线性支出系统模型分析了1995～2008年退耕还林工程对农户消费结构的影响。朱长宁和王树进（2015）分析了陕南地区114个退耕户参加退耕前后的消费水平变化。

2.6.3　退耕还林工程与农户收入和消费不平等

考虑到退耕还林工程无法对所有农户产生均等的效果，一些学者探讨了退耕还林工程对农户收入不平等的影响。Li等（2010）发现退耕还林工程实施7年后，处理组的收入不平等显著低于对照组，退耕还林工程缩小了农户的收入不平等。刘璨（2010）利用6省区1995～2008年的平衡面板数据，分析了退耕还林工程补助对农户基尼系数的贡献，并在此基础上分析了农户收入不平等的县内和县间贡献，发现退耕还林工程拉大了农户的收入不平等；Liu等（2014）利用相同的数据源（扩展到1995～2010年）并采用广义生产函数估计了退耕还林工程对农户收入产生的直接影响和间接影响，其中，间接影响缩小收入不平等，但直接影响拉大了收入不平等，总的来看收入不平等被拉大；刘浩等（2017）再次利用相同的数据源（扩展到1995～2014年）并基于Shapley值方法分解农户的收入决定方程，发现退耕还林工程拉大农户收入不平等的趋势呈倒“U”型，原因在于参加退耕还林工程后农户的收入分布呈现分化趋势，对补助依赖较大的低收入农户而言，退耕补助政策调整导致其收入有所下降，而高收入农户调整生产要素配置而获得较好的增收效应（王庶和邓泽林，2016）。需要指出的是，在消费不平等研究领域，目前尚未发现国内外有学者开展退耕还林工程对农户消费不平等的影响研究。

2.7 文献评述

已有文献开展了大量有关收入和消费问题的理论和实证研究，这些研究推动了经济学研究的长期发展。学术界关于收入、消费及其不平等的影响因素研究为开展退耕还林工程对农户收入、消费及其不平等的影响研究提供了充足的理论借鉴和方法备选。如在分析退耕还林工程对农户收入的影响时可能需要考虑生产要素配置和转移支付的效应。我国的退耕还林工程是一个比较复杂的公共政策束，该工程的很多政策措施涉及农户生产和生活的多个方面。已有文献比较全面地研究了中国退耕还林工程对农户收入水平（陶然等，2004；徐晋涛等，2004；刘璨和张巍，2006；Uchida et al.，2007；Liu et al.，2010；Yin et al.，2014）、收入结构（胡霞，2005；王爱民，2005；Liu et al.，2014；Yin et al.，2018）和收入不平等（Li et al.，2010；Liu et al.，2014；刘浩等，2017）的影响。这些研究选择不同的案例点开展实地调研，根据退耕还林工程的影响机制，建立特定计量经济学模型开展实证分析。这些研究有助于评价中国退耕还林工程的经济效益，但对于评估退耕还林工程对农户生活水平产生的真实影响，将农户的消费也纳入研究问题则更有说服力。值得注意的是，在已有文献中，仅有少数关注了中国退耕还林工程对农户消费的影响。据笔者所知，这主要是受限于已有研究缺乏微观层面的长期大样本农户消费数据。已有研究多数是采用截面数据或短期面板数据进行分析，而开展消费研究对数据的要求较高。对于一些消费理论，如建立持久收入假说模型，需要利用长期面板数据才能进行比较可靠的实证检验。虽然文献数量较少，但有关退耕还林工程对农户消费影响的实证研究已经取得一些进展。刘浩和刘璨（2012）基于持久收入假说分析了退耕还林工程对农户消费支出的影响；基于扩展线性支出系统（ELES）模型，一些学者分析了退耕还林工程对农户消费结构的影响（张红霞等，2009；张晓蕾和姚顺波，2008；王剑波，2013）。

就本书所关注的退耕还林工程对农户收入、消费及其不平等的影响的研究领域，已有文献在研究内容和方法应用上均具有一定创新性，但还存在一些明显的改进空间。

一是中国退耕还林工程对农户收入和消费影响机理的实证检验尚有完善空间。退耕还林工程对农户收入和消费的影响存在复杂的影响机理和传导机制。针对退耕还林工程对农户收入的影响研究，大多在理论上清晰地反映出退耕还林工程对农户收入的影响机理，但鲜有研究成果界定并利用相关计量经济学方法估计退耕还林工程的直接和间接影响（Liu et al.，2010；Yin et al.，2014），有的采用估计直接影响的方法来估计间接影响（Treacy et al.，2018）。针对退耕还林工程对农户消费的影响研究，大多数已有研究成果将退耕还林工程与农户的消费支出与结构直接关联起来，有的趋于将影响机理进行黑箱化处理，或忽视收入这一主要影响路径（王剑波，2013）。对退耕还林工程影响机制的实践检验方法有待进一步完善，从而准确地认识和理解退耕还林工程对农户收入和消费产生的影响。

二是已有研究成果基本忽视了退耕还林工程启动22年以来中国社会经济和市场条件等重大转型。如二元经济转型（叶兴庆等，2018），劳动力价格的上涨（杨帆等，2017），粮食、木材价格呈现出上涨态势；2003年以来，政府逐步减免农村税费并对以土地为基础的产业进行补贴，在名义退耕补贴保持不变的前提下，这些政策和市场条件的调整改变了退耕地的机会成本，若不考虑这些因素的动态变化，可能导致退耕还林工程对农户生产要素配置、收入和消费及其不平等的影响估计出现偏误。

三是缺乏针对退耕还林工程的特点开展一些深层次的消费研究，已有文献未考虑农户消费来源和消费层次的变化，如未区分退耕还林工程对农户粮食和副食的自给性消费和购买性消费的影响，且未考虑农户不同收入来源可能具有不同边际消费倾向的特点（心理账户效应）；此外，一些研究采用扩展线性支出系统模型（ELES）分析农户的消费结构大多建立在绝对收入假说框架下（张晓蕾和姚顺波，2008；张红霞等，2009），未考虑收入波动和收入预期对农户消费行为的影响。鉴于退耕还林工程对农户收入和消费的影响具有长期性和滞后性，且可能影响农户的收入波动和收入预期，基于绝对收入建立分析框架不利于准确估计退耕还林工程对农户消费的影响。

四是尚未从消费视角分析我国退耕还林工程对农户生计不平等的影响。学术界主要进行了退耕还林工程或其他 PES 项目对农户收入不平等的影响研究。除了收入不平等，经济不平等还可以利用消费进行测度（Blundell et al.，1998），消费是对人们福利更直接和准确的测量方式，如能够更好地体现家庭金钱以外的资源（Slesnick，1994；Meyer and Sullivan，2003），消费不平等更准确地刻画家庭之间真实福利差异（Cutler and Katz，1992；Crossley and Pendakur，2002；Krueger and Perri，2006；Fisher et al.，2013）。对于中国农村家庭，农业生产收入受到天气等自然因素的影响较大，仅用收入衡量农村的不平等状况可能产生偏误（曲兆鹏和赵忠，2008）。

五是利用跟踪调研收集的长期大样本面板数据开展退耕还林工程对农户收入、消费及其不平等的研究相对较少。大多数已有研究采用数据不具有全国代表性，主要采用短期小样本或覆盖范围相对集中的中、大样本数据。退耕还林工程已实施 22 年，涉及全国 25 个省（自治区、直辖市）。迫切需要利用大样本、广覆盖、长周期的一手数据开展退耕还林工程对农户收入、消费及其不平等的影响研究。此外，在微观层面研究消费问题对数据要求较高（Deaton，1992），这些短期数据不利于准确反映农户的消费行为变化，同时限制了计量经济学模型结构的选择。

为了弥补退耕还林工程对农户收入、消费及其不平等的影响研究领域的上述学术不足，本书充分考虑退耕还林工程实施 22 年以来我国社会经济及市场条件等外部环境变化，有机结合持久收入假说和“心理账户”理论，在明晰相关影响传导路径的基础上，构建我国退耕还林工程对农户收入、消费及其不平等影响的理论分析框架，优化改进现有计量经济学方法，利用 8 次跟踪调研获得的长期大样本面板数据，估计退耕还林工程对农户收入和消费的影响，在此基础上，测度与分解退耕还林工程对农户收入和消费不平等的影响。

第3章　理论基础、分析框架与研究方法

针对本书所关注的内容，本章将梳理相关理论和计量经济学方法，为后文开展实证分析打下理论和方法基础。

3.1　理论基础

如前文所述，收入是退耕还林工程影响农户消费的主要中介因素。本书将在分析退耕还林工程对农户收入影响的基础上，研究退耕还林工程对农户消费影响，并进一步测分出退耕还林工程对农户收入和消费不平等的贡献。对于上述研究内容，主要涉及的理论主要包括生产要素配置理论、持久收入假说和财政支出收入再分配理论。

3.1.1　生产要素配置理论

生产要素配置理论认为，在生产活动中，若投入要素的种类超过一项，就必然会涉及生产要素配置问题。在一定程度上，生产要素配置关系到生产活动的效率，有效的生产要素配置会使生产者获得更高的经济收益，忽视生产要素配置就会造成生产效率低下，从而导致不必要的资源浪费。边际收益递减规律、一种或多种产品的最优生产要素配置等基础理论，对于分析研究退耕还林工程对农户生产要素投入的影响具有理论指导意义。

3.1.1.1　生产要素投入边际收益递减规律

生产要素投入边际收益递减是经济学的基本规律之一。在多种生产要素

投入的短期生产情形中，以技术水平、其他生产要素投入数量等条件不变为前提，某种生产要素的投入达到一定数量时，再增加该生产要素投入会导致其边际产出下降，由于价格亦是不变的，最终体现于边际收益递减。例如，在有三种投入要素土地、劳动力和资本的生产活动中，若土地和资本投入是固定不变的，随着劳动力投入量的增加，其产生的边际收益则会逐渐减少。相反，若劳动力投入量是固定的，随着资本投入量的增加，其产生的边际收益会逐渐减少。生产要素投入边际收益递减背后暗含的原理在于：在短期生产情形中，不同生产要素投入存在最优匹配比例。仍假设土地和资本投入是固定投入，在劳动力投入初期，劳动力投入从零开始增长，土地和资本投入显然是“相对过剩”的，劳动力投入不足使 3 种生产要素投入远未实现最优匹配比例。随后，劳动力投入增加使生产状态不断接近最优匹配比例，在此过程中，其边际产出也随着提高，直到劳动力投入达到某一数量时，3 种生产要素投入实现最优匹配，其边际产量可能达到极值，如果再增加劳动力投入，此时的土地和资本投入转变为“相对不足”，生产状态不断远离最优匹配比例，导致劳动力投入的边际产出逐渐下降。

3.1.1.2　一种产品的最优生产要素配置

生产经济学认为，理性生产者将尝试不断调整生产要素投入，以实现多种生产要素投入的最佳配置。当存在两种或以上可变要素的情况下，除了考虑技术水平等因素以外，还需要通过衡量各种投入要素的相对价格来确定各种投入要素的最优配置。假设在一定的技术条件下生产者用两种可变要素劳动力和资本生产一种产品，且劳动的价格为 P_L 和资本的价格 P_K，生产者用于购买这两种要素的全部成本 C 是固定的，就可以通过寻找等产量曲线和等成本线的切点来确定最优的生产要素组合点 E（见图 3－1）。

在均衡点 E 时，生产者生产劳动力和资本投入实现最优匹配，劳动力和资本投入的边际技术替代率为两者的价格之比，即：

$$MRTS_{LK} = \frac{P_L}{P_K} \tag{3-1}$$

式（3－1）表明：假设边际技术替代率为不等于价格之比，在成本既定的情况下，生产者能够通过不断优化生产要素投入提高总产量。生产者最优

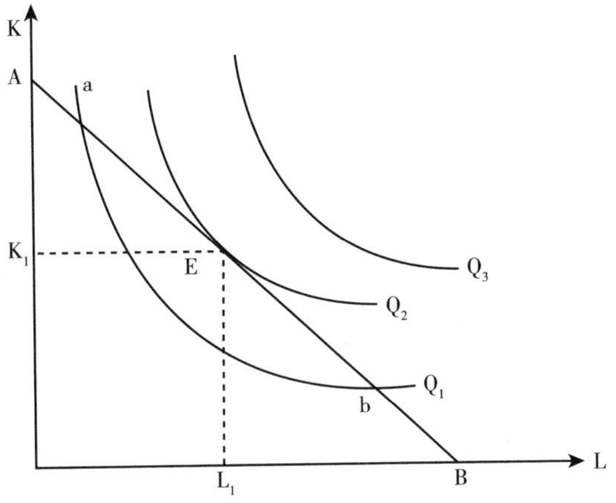

图 3－1　成本既定条件下产量最大化的生产要素投入

生产要素配置的条件可表示为：

$$\frac{MP_L}{P_L}=\frac{MP_K}{P_K} \qquad (3-2)$$

生产者可以不断地调整劳动力和资本投入，最终使以单位成本获得劳动力投入的边际收益等资本投入的边际收益，在成本既定的条件下，就能够实现生产收益的最大化。

3.1.1.3　多种产品的最优生产要素配置

在多种产品生产的要素配置决策中，不同产品需要投入完全或部分相同的生产要素，如资本和劳动力。这就导致生产者必须考虑如何在不同产品的生产活动中配置要素投入，以在全部生产活动中获得最大收益。由于不同产品的价格存在差异，故在此考虑每种产品的边际收益而不是边际产量。根据前文中对一种产品最优生产要素配置的判断，定义边际收益与生产要素价格的比值为 α，其衡量了每单位成本的边际收益。

$$\alpha_{ij}=\frac{MR_{ij}}{P_{ij}} \qquad (3-3)$$

式（3－3）中，MR 表示边际收益，P 为要素价格，i 为第 i 种产品，j 为第 j 种生产要素。

大多数情况下，对于一个生产者而言，不同产品的 α 不同，α 越大，表明生产该产品每单位成本能够获得更大收益，即该项生产活动更越具有吸引力。因此，对于生产者在获得所有生产要素不受限制，且不考虑因市场因素发生变化而导致产品边际收益发生变化的情况下，生产者选择 α 最高的产品进行生产，从而使其获得最大的收益。受边际收入递减规律影响，随着生产要素向 α 高的生产活动配置，α 较高活动的边际收益会逐渐下降，α 较低活动的边际收益会逐渐上升，并最终实现均衡，各行业生产要素的 α 均相等：

$$\alpha_i^* = \alpha_{i1} = \alpha_{i2} = \alpha_{i3} = \cdots \tag{3-4}$$

式（3－4）中，α^* 表示最优生产要素配置下每单位成本的边际收益。

3.1.1.4　退耕还林工程与农户生产要素配置

中国农户基本上为兼业户，收入来源多样化。在不同生产活动中，土地、资本（生产费用）和劳动力有不同的边际报酬曲线，理性农户会有效率地配置其生产要素禀赋，实现家庭收入最大化。假设农户仅从事种植业和林业生产活动，在土地面积、劳动力和资本数量分别为 H、L 和 K，且假设所有生产要素具有同质性且同一种生产要素在不同行业中的价格 P 相同，且同一种生产要素在不同生产活动中可以无限制的转移。农户的目标函数为家庭收入最大化，即：

$$\max R = \max\{R_a(h_{ai}, l_a, k_a) + R_f(h_f, l_f, k_f)\} \tag{3-5}$$

$$s.t.\begin{cases} h_a + h_f \leqslant H \\ l_a + l_f \leqslant L \\ k_a + k_f \leqslant K \end{cases} \tag{3-6}$$

式（3－5）、式（3－6）中，R 为农户的收入；R_a 为种植业收入；R_f 为林业收入。

农户家庭收入最大化的条件为：

$$\frac{\partial R_a(h_a, l_a, k_a)}{\partial l_a} = \frac{\partial R_f(h_f, l_f, k_f)}{\partial l_f} \tag{3-7}$$

$$\frac{\partial R_a(h_a, l_a, k_a)}{\partial k_a} = \frac{\partial R_f(h_f, l_f, k_f)}{\partial k_f} \tag{3-8}$$

假设农户的退耕地面积为 h_s，退耕后的耕地经营面积为 $h_a - h_s$，林地经

营面积 $h_f + h_s$。假设一种要素对另一种要素的边际收益单调递增，以劳动力投入为例，即有：

$$\frac{\partial^2 R_a(h_a, l_a, k_a)}{\partial l_a \partial h_a} \geqslant 0 \tag{3-9}$$

在参加退耕还林工程后，农户的林业劳动力投入的边际收益大于投入种植业的边际收益，故：

$$\frac{\partial R_a(h_a - h_s, l_a, k_a)}{\partial l_a} < \frac{\partial R_f(h_f + h_s, l_f, k_f)}{\partial l_f} \tag{3-10}$$

农户劳动力在林业和种植业中最优化的条件为：

$$\frac{\partial R_a(h_a - h_s, l_a - l_s, k_a)}{\partial l_a - l_s} = \frac{\partial R_f(h_f + h_s, l_f + l_s, k_f)}{\partial l_f + l_s} \tag{3-11}$$

式（3-11）中，l_s 为退耕还林工程引起的农户劳动力投入转移。

在曲线图中反应上述过程，参加退耕还林工程以前，种植业和林业劳动力投入的均衡点为 O_1（见图 3-2）。退耕还林工程将农户的耕地转化为林地，种植业劳动力的边际收益下降，从 EF 下移到 GH，林业劳动力的边际收益上升，从 AB 上移到 CD；农户种植业劳动力投入的边际收益曲线随之种植业和林业劳动力投入的均衡点为 O_2。

同理，在超过两类生产活动中，农户生产要素的最优配置条件等同于劳动力投入的最优配置条件。

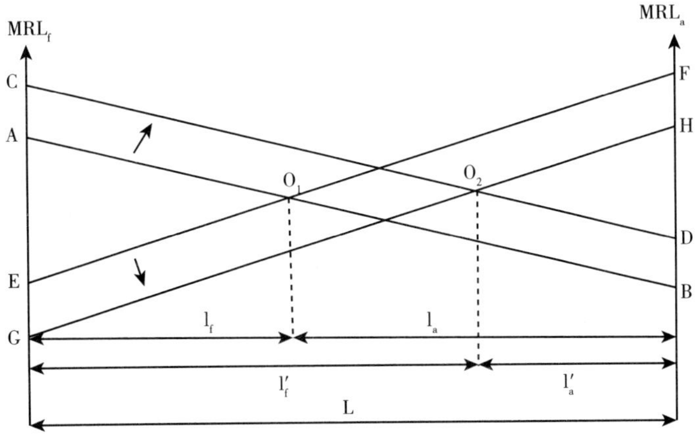

图 3-2　退耕还林工程对农户劳动力配置的影响

3.1.2 消费函数理论

开展农户消费及其不平等的影响研究需要根据退耕还林工程的特点和中国现阶段国情，选择适合的消费函数理论构建分析框架。收入是影响消费行为的重要因素，消费经济领域主要存在四种收入假说，绝对收入假说认为人们的消费支出由现期收入支配（Keynes，1936），相对收入假说认为居民的消费主要取决于以往和周边消费水平（Duesenberry，1949）；生命周期假说考虑收入跨期动态变化，强调在生命周期中，消费行为会根据心理预期进行规划（Modigliani and Brunburg，1954）；持久收入假说是对生命周期假说的补充，认为居民的消费取决于长期收入水平（Friedman，1957）。在上述消费函数理论中，持久收入假说占据重要地位（Muth，1960；Bhalla，1988；Paxson，1992；Gottschalk and Moffitt，1994；Blundell and Preston，1998；Khor and Pencavel，2006），相对于绝对收入假说和相对收入假说，持久收入假说更重视不确定性和心理预期对消费的影响。

3.1.2.1 持久收入影响消费的基本观点

Friedman（1957）提出持久收入假说，认为人们的消费支出不是与现期收入有关，而是与可以预计的未来收入，即持久收入有关。尽管目前收入不高，但如果预期的未来收入较高，仍可以进行较多的消费，实际上是用预期收入满足现期消费。人们可以根据预期得到的全部收入来进行现期消费决策，现期消费支出可以远高于现期收入。因此，当人们的收入受到外界冲击而出现较大波动时，他们可以利用储蓄或提前预支未来收入。使现期消费支出不发生大的波动。

具体而言，此假说将人们的现期收入分为持久收入和暂时收入，其中持久收入反映人们的长期收入水平并体现收入预期，暂时收入反映预期收入和实际收入之差并体现收入波动。

$$R_t = PR_t + TR_t \quad (3-12)$$

式（3－12）中，R、PR 和 TR 分别表示人们的现期、持久和暂时收入。

同时，人们的现期消费可以分为持久消费和暂时消费，其中持久消费是指长期相对固定的消费支出；暂时消费是指偶尔发生的消费支出。

$$C_t = PC_t + TC_t \tag{3-13}$$

式（3－13）中，C、PC 和 TC 分别表示人们的现期、持久和暂时消费。

持久消费受到持久收入的影响：

$$PC_t = c_1 + \alpha_1 PR_t \tag{3-14}$$

暂时消费受到暂时收入的影响：

$$TC_t = c_2 + \alpha_2 TR_t \tag{3-15}$$

在此框架下，人们的现期消费可表示为：

$$C_t = c_3 + \alpha_1 PR_t + \alpha_2 TR_t \tag{3-16}$$

式（3－16）体现了持久收入假说框架下人们的收入与消费的关系，需要说明的是，持久收入拥有较高且比较稳定的边际消费倾向，暂时收入的边际消费倾向较低且易受外界因素影响而发生波动。

3.1.2.2　基于消费心理账户的持久收入假说

在人们进行消费决策的过程中，往往会受到心理因素的影响。Thaler（1985）提出心理账户理论，认为人们存在心理上对经济结果的标识、分类和估价，进而影响消费决策。无论家庭和企业，均可能受心理账户系统的影响。在进行消费决策时，可能存在为违背经济学、数学等基本运算规律的特殊心理，这种心理体现为非理性和非预期地影响消费决策，其背后可能暗含了人们将获得收入过程的投入价值与消费行为联系起来。不同账户具有显著的"非替代性"特征，基于一般经济学理论，不同来源的收入具有替代性，但在消费决策中，不同来源的收入可能无法完全替代。通常情况下，人们并不只有唯一的账户，他们可能建立多个相对独立的心理分账户，用于管理基于不同来源的收入。当进行消费决策时，不同账户的支配规则和消费习惯将独立发挥作用，不同心理分账户中的收入难以横向转移。现实生活中，心理账户影响表现为不易获得的收入的边际消费倾向较低，容易获得的收入的消费边际倾向较高。

现阶段的中国农户多数从事兼业生产，如农业生产和外出务工，两种活动的生产投入和产出模式具有明显差异，在心理账户的影响下，农户可能针对两种收入进行完全不同的消费决策，如将农业生产收入用于基本生活开支，将非农务工收入用于耐用消费品、住房、教育或婚姻等方面。一些研究证明中国农户的消费行为会受到心理账户的影响（李锐和项海容，2004；李敬强和徐会奇，2009；张秋惠和刘金星，2010；周建等，2013；温涛等，2013），因此，在持久收入假说中需要考虑心理账户的影响，农户消费可以表示为：

$$C_t = c_3 + \alpha_{11} PR_{1t} + \alpha_{12} PR_{2t} + \cdots + \alpha_{21} TR_{1t} + \alpha_{22} TR_{2t} + \cdots \quad (3-17)$$

式（3－17）中，PR_1、PR_2 农户为不同来源的持久收入，TR_1、TR_2 为农户不同来源的暂时收入。

3.1.2.3 退耕还林工程与持久收入假说

持久收入是影响现阶段中国居民消费的重要因素（王宏伟，2000；李锐和项海容，2004；李景华，2006；于淑波，2008；孙文凯和白重恩，2008；曲兆鹏和赵忠，2008）。退耕还林工程着眼于25°以上的坡耕地和严重沙化的耕地，这些耕地的种植业生产受自然因素影响较大，产出的不确定性较高，收入波动较大。退耕还林工程将耕地转化为林地，政府发放的退耕补助取代部分原有种植业收入，收入的整体稳定性提高。此外，退耕还林工程诱致农户生产要素配置调整进而引发收入及其结构变化，其流动性约束也可能发生变化。两方面因素共同作用下，农户可能形成新的收入预期，一些研究发现退耕还林工程对农户持久收入和现期收入的影响有显著差异。在考虑收入不确定性和流动性约束等的条件下，持久收入假说可以更好地解释消费行为（Deaton，1992），基于绝对收入假说和相对收入假说无法很好地解释退耕还林工程对农户消费的影响。因此，需要在持久收入假说框架下分析退耕还林工程对农户持久收入和暂时收入的影响，进而估计对农户消费及其不平等的影响。

3.1.3 公共财政分配理论

退耕还林工程是以财政投入为主导的生态恢复项目，除了发挥生态效益之外，其公共财政属性可能对农户的收入分配产生影响。本书关注实施退耕还林工程引起的农户收入和消费不平等变化，不平等是收入分配的结果，公共财政的收入分配效应是此部分研究的主要理论依据。

3.1.3.1 凯恩斯的公共财政分配理论

在凯恩斯提出《就业、利息和货币通论》之前，古典和新古典关于收入分配的理论大多不涉及政府干预。在凯恩斯主义的影响下，收入分配问题多与政府的宏观调控联系起来。凯恩斯主张政府干预经济，为刺激社会投资需求的增加，政府采取扩大公共工程等方面的开支。实现充分就业必须解决分配不公的问题，由于富人的边际消费倾向低于穷人，如果社会财富过分集中在富人手里，必然降低社会的消费倾向，从而不利于增加社会总需求。因此，需要政府加强征收富人所得税并通过转移支付来重新分配收入，提高社会消费倾向，扩大社会总需求，进而促进国民经济增长。

3.1.3.2 公共财政分配效应

公共财政理论源于市场失灵，在一定程度上，政府干预能够解决公共产品供给不足的问题。不同国家受到的经济约束条件存在差异，在不同发展阶段社会经济发展战略和目标也不相同，公共财政职能和目标导向就不同。马斯格雷夫（Musgrave，1959）认为公共财政发挥稳定经济、资源配置和收入分配等三项职能。通过财政政策工具调节收入差距，使国民收入分配趋于合理。

公共财政政策导向关系到收入分配公平和效率的问题。合理分配收入要求收入分配存在一定差距，同时又要求差距不能过大。市场经济条件不以平均分配为目标，适当的收入差距可以调动人们的生产积极性，提高经济效率。同时，收入差距过大可能导致社会矛盾激化。公共财政政策的收入分配效应属于财政政策经济效应的一种。在市场经济条件下，通过财政参与一定时期社会总产品或国民收入的初次分配与再分配，实现收入在部门之间、地区之间、单位之间以及社会成员之间的合理分割，缩小收入差距，体现社会公平。因此，公共财政政策的收入分配效应为政府参与社会产品分配的过程中，有目的地运用财政政策工具而对市场微观主体收入的形成、实现和使用所产生的影响。

3.1.3.3 财政政策工具分类

财政政策工具包括以税收和非税及国债为主的收入政策工具以及政府消费性、转移性和投资性为主的支出政策工具。利用财政支出政策工具，政府通过调整财政支出规模和结构改变市场经济主体的行为，改变其生产或消费行为，从而达到满足政府需求管理的目标和稳定社会总供给、总需求大体平衡的初衷。但在实际运行过程中，财政支出的性质、目的、规模等方面存在较大差异，不同财政支出类型产生的效果也有较大区别。

消费性财政支出主要指政府购买商品和服务的支出，体现为政府直接参与市场性的资源配置活动，对社会的生产和就业有直接的影响，对分配的影响则是间接的。转移性财政支出的实质是政府无偿向社会下放部分资源索取权。

转移性支出能够增加企业和家庭在市场上的购买力。按用途不同，转移性支出主要包括社会保障、福利以及财政补贴。社会保障和福利的本质是将高收入人群的部分收入转移给低收入人群。财政补贴通常可分为消费性补贴和生产性补贴。消费性补贴可以直接增加消费者的可支配收入；生产性补贴是针对特定的生产活动进行补贴，可以直接增加生产者的收入，从而提高生产者的投资和供给能力。通过增加生产性补贴，可以提升总供给，进而在一定程度上缓和供求矛盾。

投资性财政支出是以政府为主体，为了充分发挥政府职能，将财政资金投入到各领域的政策性投资，也常称为财政投资。通常情况下，投资性财政支出关注与民生改善、社会经济发展等重要领域，普遍具有较大规模和较长周期，并将社会效益最大化作为投资的重要目标之一，故具有一定的外部性和公益性，如实施各种大型民生工程，经济收益普遍较低甚至是非盈利性的，但可以显著提高社会的整体效益。

3.1.3.4 退耕还林工程与公共财政分配效应

退耕还林工程是以财政投入为主的生态恢复项目，中央财政投资接近总投入90%，投资回报为全社会共同享有的生态系统服务，拥有投资性财政支出以社会效益为主导的基本属性。然而，退耕还林工程特殊的实施模式又使其区别于一般意义的财政投资项目，农户补助资金超过总投资的 70%，意味着大部分财政投资被直接以补助的形式发放给农户，这使退耕还林工程又具有转移性财政支出的特点。在理论上，基于公共财政支出的共同职能，退耕还林工程应发挥积极的收入分配效应。但从退耕还林工程的政策目标和实施特点来看，其产生的收入分配效应可能具有双向性。

一方面，作为公共财政投资性项目，退耕还林工程的目标导向为其发挥收入分配效应提供了基础和空间。我国生态脆弱地区与贫困地区高度重叠，水土流失严重地区，如陕北地区，往往是经济水平最不发达的地区，当地居民收入水平整体偏低。在微观层面，在其他条件相同的情况下，土地资源禀赋较差将对农业生产造成不利影响，进而对农户的收入产生负面影响。退耕还林工程目标导向是生态恢复，看似无明显的收入群体偏向。但其政策靶向为 25°以上的坡耕地和严重沙化耕地，这些耕地与低收入地区和农户的重叠可能性较大，如果退耕还林工程补助标准高于这些土地的种植业收益，其补助发挥的增收效应将更多作用于低收入群体，即使退耕还林工程最终作用的农户群体在收入层次上是无偏的，相同数额的退耕还林补助对低收入农户的增收效应显然高于高收入农户。因此，从上述影响机制来看，退耕还林工程可能发挥积极的收入分配效应。

另一方面，在退耕还林工程具体实施过程中，有可能产生逆向收入分配效应。由于退耕还林工程的财政支出相对有限，无法覆盖所有的靶向目标。因此，退耕还林工程相关政策措施中可能出现附加选择性偏好，如有些地方强调大户参与和集中成片，有些地方强调结合经济林产业发展，虽然靶向目标未改变，但可能会直接或间接加大农户参加退耕还林工程的概率和规模不均，进而拉大农户收入差距。除了补助以外，退耕还林还可能诱致农户生产要素配置发生变化，最典型的例子是农户将从耕地上释放出来的劳动力投入到非农行业，不同收入层次调整生产要素配置的能力具有差异，一般情况下，高收入农户拥有更好教育经历和生产技能，在原有生产要素配置受到冲击的情况下，更容易将生产要素配置进行优化调整，从而间接获得更大的政策效益。

3.2 分析框架

根据前文章节对生产要素配置理论、持久收入假说和公共财政分配理论的梳理以及这些理论与退耕还林工程关联的分析，可以建立退耕还林工程对农户收入、消费及其不平等影响的理论分析框架（见图3－3）。在此框架下，主要基于4个步骤（第5章～第8章）并根据如下思路开展研究：

3.2.1 步骤1（第5章）：退耕还林工程涉农政策及其影响评价

从章节3.1中的相关分析来看，生产要素配置、持久收入假说和公共财政分配理论分别是研究退耕还林工程对农户收入、消费及其不平等影响的基础。但在这些理论分析和构建实证模型之间，仍有必要开展基于农户主观判断的政策及其影响评价。以退耕还林工程对农户收入的影响为例，生产要素配置调整是退耕还林工程影响农户收入的基本路径，但这些影响路径的具体表现形式是什么？涉及哪些方面？是提高种植业集约经营程度？还是利用退耕地发展林下经济或经济林产业？抑或是将劳动力转移至非农行业？均可以通过农户的主观评价来尝试回答这些问题。因此，通过开展退耕还林工程涉农政策及其影响评价，可以为后续研究确定具体影响路径和模型结构提供预判和铺垫。

3.2.2 步骤2（第6章）：退耕还林工程对农户收入的影响研究

从文献综述和生产要素配置理论的相关分析来看，退耕还林工程对农户收入的影响主要来源于两个方面，一是政府给予农户的退耕还林工程补助与农户在种植业上放弃的机会成本之差，这是考察退耕还林工程补助的有效性问题，主要着眼于退耕还林工程补助是否具有增收效应；二是农户参加退耕还林工程带来的土地结构变化进而引发其劳动力、投资等生产要素投入配置调整，最终引起农户收入结构发生变化。退耕还林工程影响农户的根源是将其耕地转化为林地，土地结构变化如何引起其他生产要素投入发生联动变化，根据章节 3.1.1 的分析，已经从理论上推导了退耕还林工程引起农户生产要素投入变化的机理。基于步骤 1 的分析结果，种植业生产集约经营程度、退耕地的林业生产情况、劳动力转移至非农行业情况可能是退耕还林工程间接影响农户收入的传导路径，后续实证研究上述影响及其路径需要以生产要素配置理论为支撑（详细讨论见章节 6.2.1）。

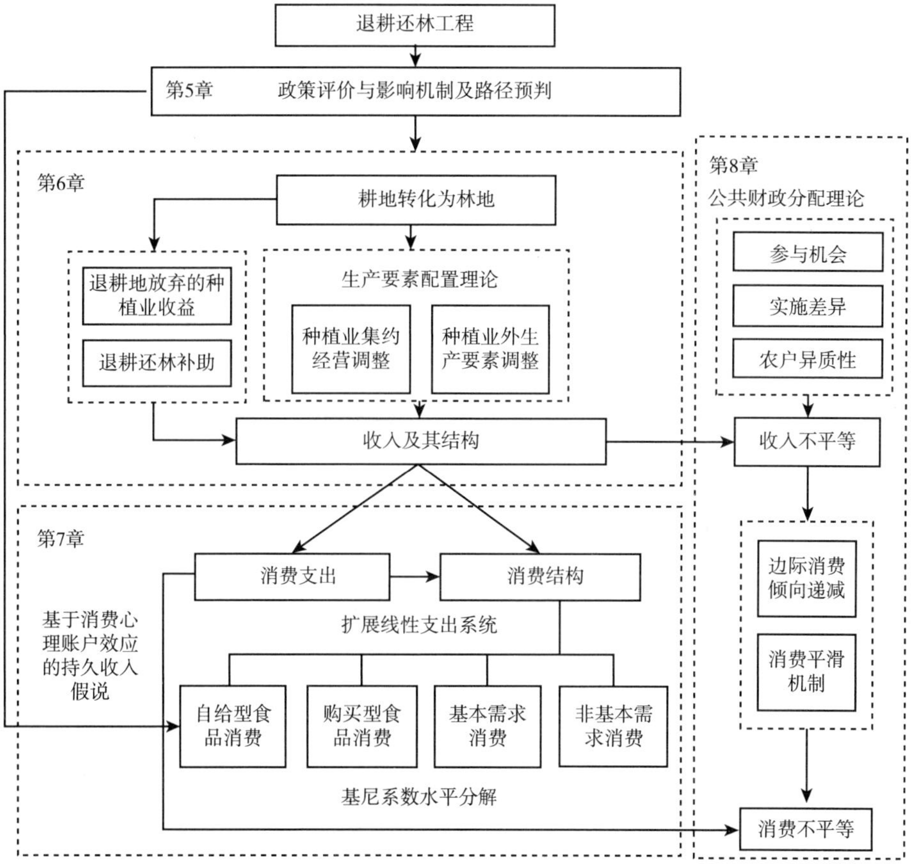

图 3-3　退耕还林工程对农户收入、消费及其不平等影响的理论分析框架

3.2.3　步骤 3（第 7 章）：退耕还林工程对农户消费的影响研究

前文章节 3.1.2 针对退耕还林工程对农户收入和消费影响的特点论述了将持久收入假说作为框架基础的必要性以及基于心理账户理论改进持久收入

假说的合理性，因此，在步骤 1 和步骤 2 相关研究内容的基础上，基于心理账户效应改进持久收入假说理论（详细讨论见章节 7.2.1），根据改进后的理论建立实证分析模型，分析退耕还林工程对农户消费支出的影响及其传导路径，并根据退耕还林工程的特点进一步开展退耕还林工程对农户不同需求层次的消费以及不同来源食品消费的影响及其传导路径。

3.2.4 步骤 4（第 8 章）：退耕还林工程对农户收入和消费不平等的影响研究

如前文章节 3.1.3 所讨论，由于具有公共财政投资属性及其实施靶向目标的特点，退耕还林工程可能对农户具有正向分配效应，进而缩小农户的收入和消费不平等，同时，实施过程中存在目标偏差以及存在农户异质性，退耕还林工程又可能产生逆向分配效应，进而拉大农户的收入和消费不平等。因此，需要根据退耕还林工程在实际中的实施特点并结合公共财政分配理论构建分析框架（详细讨论见章节 8.2.1），在步骤 2 和步骤 3 相关研究内容的基础上，测度与分解退耕还林工程对农户收入和消费不平等的影响。

3.3 研究方法

本节重点介绍本研究主要运用的研究方法，针对具体研究内容的计量经济学模型设置将在后文的实证研究中详细介绍。

3.3.1 退耕还林工程的影响估计

为了估计退耕还林工程对农户收入、消费及其不平等的影响，需要研究思路和退耕还林工程特点选择适当的模型类型和估计方法。如前文所述，退耕还林工程对农户消费的影响，必然以收入作为中介变量。在退耕还林工程和农户收入之间，又存在生产要素配置和退耕补助等中介效应。对于上述逐层影响的情况，需要建立递归方程模型进行估计。

3.3.1.1　递归方程模型

为便于分析，将本研究关注的问题简化为退耕还林工程对农户消费支出的影响，影响机理及传导机制为：（1）退耕还林工程对农户生产要素投入的影响；（2）生产要素投入对收入的影响；（3）收入对消费支出的影响。为了估计退耕还林工程对农户消费支出的模型，需要建立如下递归方程组：

$$IP = c_1 + \chi_1 SP + \mu_1 X_1 + \varepsilon_1 \tag{3-18}$$

$$R = c_2 + \nu_1 IP + \chi_2 SP + \mu_2 X_2 + \varepsilon_2 \tag{3-19}$$

$$C = c_3 + \theta_1 R + \chi_3 SP + \mu_3 X_3 + \varepsilon_3 \tag{3-20}$$

式（3－18）～式（3－20）中，SP、IP、R 和 C 分别表示退耕还林工程政策变量和农户的生产要素投入、收入和消费，X_1、X_2 和 X_3 为控制变量，c_1、c_2 和 c_3 为截距，χ、υ、θ 和 μ 为待估参数，在各方程因变量仅存在单项因果关系的前提下，可利用 OLS 进行逐一估计每个方程（Greene，2003）。

递归方程模型的优势在于可以估计不同路径下的影响，根据式（3－18）～式（3－20）的估计结果，得到退耕还林工程对农户生产要素投入、收入和消费支出的影响。

3.3.1.2　政策影响估计

由于研究使用的面板数据同时包含了参加退耕还林工程的农户和一直未参加退耕还林工程的农户，故可借鉴双重差分的思路估计退耕还林工程对农户各项指标的影响。通过比较处理组（参加工程农户）和对照组（一直未参加工程农户）在实施退耕还林工程前后的变化的差异来获得双重差值。为便于分析，以生产要素投入为例，可表示为：

$$CA_0 = c + \alpha P + \beta T + \varepsilon \tag{3-21}$$

$$CA_1 = c + \alpha P + \beta T + \chi SP + \varepsilon \tag{3-22}$$

式（3－21）、式（3－22）中，CA_0 和 CA_1 分别表示农户参与退耕还林工程之前和参与之后的生产要素投入，T 为退耕还林工程实施变量，$T=0$ 和 $T=1$ 分别表示退耕还林工程实施前后。P 为组别变量，$P=0$ 和 $P=1$ 分别表示一直未参加和参加过退耕还林工程的农户，ε 是服从独立同分布的误差项。

χSP 表示退耕还林工程对农户生产要素投入的影响，并假设所有观测样本具有相同的χSP，χSP 进一步可表示为：

$$\chi SP = E[CA_1] - E[CA_0] = (E[CA|P=1,T=1] - E[CA|P=1,T=0]) - (E[CA|P=0,T=1] - E[CA|P=0,T=0]) \tag{3-23}$$

此做法的优势在于既可以消除对照组和处理组的固有差异 α，也可以消除实施退耕还林前后对照组和处理组存在的共同变化趋势 β。可利用最小二乘法直接估计出χSP。

由于中国退耕还林工程陆续在不同地区实施开展，即不同区域农户的 T 不相同，无法构建标准形式的双重差分模型，借鉴 Joshua 和 Jornsteffen（2015）的思路，利用固定效应控制农户的个体效应，利用年度虚拟变量控制时间和政策差异，农户生产要素投入的计量经济模型可表示为：

$$CA = c + \chi SP + \sum \delta_m year\_dummy_m + u + \varepsilon \tag{3-24}$$

式（3－24）中，$year\_dummy$ 为年度虚拟变量，u 为不随时间变化的个体效应。

3.3.2 持久收入测算

弗里德曼（Friedman，1957）认为持久收入的测算方法应视数据类型和特点而定。针对跨期较短和较长的面板数据，分别采用多年实际收入的平均值（Blundell and Preston，1998；Khor and Pencavel，2006；孙文凯和白重恩，2008）和移动平均值（Gottschalk and Moffitt，1994；王宏伟，2000；刘浩和刘璨，2015；赵航和吴迪，2019）衡量持久收入，两种赋值方法区别在于重视时间因素对预期收入影响的程度不同，算术平均值可视为加权系数不变，考虑时间因素较少，更适用于短期情形；测算移动平均值的加权系数不断变化，考虑时间因素较多，更适用于长期情形，但学术界对如何确定农户的预期赋予权重还有待探讨。一些学者将拟合收入作为持久收入（Bhalla，1980；Paxson，1992；Wang，1995），将残差作为暂时收入，此方法不适用于估计结果 R^2 较小的情况。

鉴于本书利用长期数据开展研究，故应选用多期实际收入的移动平均值作为农户的持久收入，对越早期的年份赋予更小的加权系数，对离现期越近的年份赋予更大的加权系数，持久收入则为：

$$PR_t = \varsigma R_t + \varsigma(1-\varsigma)R_{t-1} + \varsigma(1-\varsigma)^2 R_{t-2} + \cdots\cdots \quad (3-25)$$

式（3-25）中，ς为加权系数，$0<\varsigma<1$，与对预期的重视程度呈正相关。把 PR 代入持久收入假说消费模型式（3-16）中进行估计，获得拟优度 R^2。尝试不同ς取值并测算不同的 PR，直到 R^2 达到最大值 R^{2*}，表明持久收入对消费的拟合效果达到最佳，此时的ς为最优加权系数。

3.3.3 基于持久收入假说的扩展线性支出系统

线性支出系统（LES）由 Stone（1954）提出，是研究消费结构常用的方法之一。LES 将人们每一种消费划分为基本性需求消费和非基本性需求消费。一般而言，副食、烟酒、服装和文化等消费类型的非基本性需求消费较高；粮食、能源和医疗等消费的非基本性需求消费较低。Lluch（1973）认为 LES 的总预算是内生的，提出扩展线性支出系统（ELES），采用人们的总收入替代总预算，从而解决 LES 的内生性问题。在此假设下，t 时刻人们第 s 种类型的消费支出 C_{st}可表示为：

$$C_{st} = BC_{st} + \mu_{st}\left(R_t - \sum_{s=1}^{n} BC_{st}\right) \quad (3-26)$$

式（3-26）中，BC_s 为第 s 种消费类型的基本性需求；μ_s 为第 s 种消费的非基本需求的边际消费倾向；R 为消费者的总收入。

式（3-26）的 ELES 建立在绝对收入假说的基础上（Keynes，1936）。当人们的收入出现大幅波动时，通常不会迅速对其消费行为进行同样幅度的调整，如果人们的总消费或基本性需求消费大于现期总收入，即 $\sum BC_{st} > R_t$，ELES 就无法完全适用，故有必要将持久收入假说引入 ELES。

在持久收入假说下，基本性需求消费反应人们长期形成的基本生计需要，不会因总收入波动发生大的变化，属于持久消费，以持久收入作为约束；非基本性需求消费是满足基本生计需要以外的部分，包含相对稳定的持久消费和波动较大的暂时消费，同时受到持久收入和暂时收入的影响。因此，人们

第 s 种类型的消费 C_s 可表示为：

$$C_{st} = BC_{st} + \mu_{st}(PR_t - \sum_{s=1}^{n} BC_{st}) + \gamma_{st} TR_t \tag{3-27}$$

式（3－27）中，μ 和 γ 的边际消费倾向，其他变量的定义与前文相同。式（3－27）整理可得人们第 s 种类型的基本性需求消费：

$$BC_{st} = \rho_{st} + \sum_{s=1}^{n} \rho_{st} \frac{\mu_{st}}{1 - \sum_{s=1}^{n} \mu_{st}} \tag{3-28}$$

式（3－28）中，$\rho_{st} = BC_{st} - \mu_{st} \sum_{s=1}^{n} BC_{st}$，通过对式（3－27）的估计获得 ρ 和 μ。

考虑到心理账户将对农户消费行为的影响，在式（3－27）中采用分项持久收入和暂时收入进行替代，基于式（3－17）的估计结果将农户总消费按分项收入进行测分。针对每个案例县的样本农户，分年度估计式（3－27），将系数代入式（3－28）得到县级层面样本农户逐年的基本性需求消费和非基本性需求消费。

3.3.4 收入和消费不平等测度和分解

分析退耕还林工程对农户收入和消费不平等的影响需要选择适当的不平等衡量指标和分解方法。方差、基尼系数、广义熵（Theil 指数）、对数方差（Atkinson 指数）等均可以衡量不平等程度。基尼系数是目前被广泛使用的收入和消费不平等指标（Cutler and Katz，1992；Barrett et al.，2000；曲兆鹏和赵忠，2008；Anwar，2009；邹红等，2013；Chatterjee et al.，2016），主要是因为基尼系数拥有四个特点（万广华，2008），一是它较为古老也最为流行；二是收敛于 0～1 之间，便于利用计量经济学方法对其影响因素进行贡献度分解；三是它满足上述不平等相对指标的所有特性；四是它本身具有特定经济学含义的，而其他相对指标的数值大多没有实质性的经济学含义。本研究亦选用基尼系数作为收入不平等和消费不平等指标，以收入为例，基尼系数为：

$$G(R_t) = \frac{1}{2n^2 \bar{R}_t} \sum_{i=1}^{N} \sum_{j=1}^{N} |R_{it} - R_{jt}| \tag{3-29}$$

式（3 - 29）中，R_{it}和 R_{jt}分别为第 i 个和第 j 个样本农户第 t 年度的总收入；$\bar{R}$ 为平均收入，N 为样本数。

基尼系数的分解方法主要为子成分分解法，又称结构或水平分解（万广华，2008）。设农户的收入结构如下：

$$R_{it} = \sum R_{mit} \tag{3-30}$$

式（3 - 30）中，R_m 为分项收入；

基于子成分分解法，总收入基尼系数可分解为：

$$G(R_{it}) = \sum E(R_{mit})C(R_{mit}) \tag{3-31}$$

式（3 - 31）中，$G(\cdot)$ 为取基尼系数；$E(\cdot)$ 为取平均值；$C(\cdot)$ 为取集中度；集中度的算法与基尼系数的算法基本相同，但根据总收入而非分项收入的均值排列人口和分项收入变量。

在考虑退耕还林工程影响的情境中，农户的总收入 R 为：

$$R_{it} = \sum R'_{mit} + \sum \Delta R_{mit} \tag{3-32}$$

式（3 - 32）中，ΔR_m 为退耕还林工程对农户第 m 项收入的影响；$R'_m = R_m - \Delta R_m$。

在此情形下，农户总收入的基尼系数可分解为：

$$G(R_{it}) = \sum E(R'_{mit})C(R'_{mit}) + \sum E(\Delta R_{mit})C(\Delta R_{mit}) \tag{3-33}$$

进行归一化处理得到：

$$1 = \sum E(R'_{mit})C(R'_{mit})/G(R_{it}) + \sum E(\Delta R_{mit})C(\Delta R_{mit})/G(R_{it}) \tag{3-34}$$

令：

$$w_m = E(\Delta R_{mit})C(\Delta R_{mit})/G(R_{it}) \times 100\% \tag{3-35}$$

式（3 - 35）中，w_m 为退耕还林工程诱致农户第 m 项分项收入变化对总收入基尼系数贡献率。

第4章　研究数据

本书利用国家林业和草原局（原国家林业局）经济发展研究中心在2004～2017年经8次跟踪调研建立的多层次长期大样本数据库（笔者参与其中6次），该数据库受到多个研究项目的资助，包括亚洲开发银行技术援助项目“林业重点工程与消除贫困问题研究”（2004～2006年）、国家林业局的年度财政预算项目“林业重点工程后续政策问题研究”（2007～2017年）和国家自然科学基金面上项目“林业重点工程对农户收入与消除贫困影响实证研究与分析—基于长期大农户样本收入增长、分配和流动等视角”（2013～2016年）。

4.1　数据基本情况

4.1.1　实地调研

2004年，在经专家研讨确定案例省区的基础上，项目组赴案例省区选定基本能够反映全省区整体情况的案例县市，采用随机分层抽样技术，每个案例县市抽取3～6个乡镇，每个乡镇抽取3个行政村，每个行政村抽取15个样本农户（张北县每个行政村抽取30个样本农户）。首次调研于2004年开展，除了记录当年数据外，此次调研还让农户仔细回忆过去连续多年的数据（1995～2003年）。由于数据信息时间跨度较长，为了帮助受访农户回忆起他们的生产和消费活动，借鉴Devereux and Hoddinott（1993）和Hakim（2000）的调研思路，课题组设计并不断完善调研工作方案，首先，设计了尽可能详细的调研问卷，并对指标逐级细化。其次，课题组利用3天时间集中进行培训，使调研人员准确理解指标并统一数据口径。在此，在进行访谈时尽量以户主作为受访对象，同时邀请家人、村干部、邻居等协助其回忆重要事件和关键数据。最后，课题组还利用从村组统计数据以及县、乡、村案例研究中获得的信息对农户访谈数据进行反复核对。从实践效果来看，上述做法有助于提升调研数据的有效性和可靠性。在2007年、2008年、2009年、2011年、2013年、2015年和2017年，课题组又进行了7次跟踪调研，样本农户名单与首次调研时相同，每次调研记录过往2年的数据信息（2008年和2009年只记录前一年的数据）。经过8次调研，最终形成了涵盖山东、广西、河北、陕西、江西和四川6个省份、15个县市、72个乡镇、216个行政村、3375个样本农户1995～2016年的县级、村级和样本农户数据库。

4.1.2 案例点分布

在第一轮退耕还林工程中，本书选取的陕西、四川、河北、江西和广西5个案例省份累计完成退耕地造林面积分别为83.20万、75.94万、68.65万、22.39万和20.00万公顷，在实施退耕还林工程的25个省份中位列第2、第3、第4、第18和第20位，5个案例省份的退耕面积占全国退耕地面积的30.42%（国家林业和草原局，2019）。山东作为对照省，从始至终都未实施退耕还林工程。在空间分布上，按东西划分，东部的省份有河北和山东；中部的省份有江西；西部的省份有陕西、四川和广西。若按南北划分，北部的省份有河北、陕西和山东，南部的省份有四川、广西和江西。在时间分布上，各案例省份启动退耕还林工程时间也有一定差异，四川和陕西是1999年最早开始试点实施退耕还林工程的省份，河北、江西和广西从2001年开始陆续实施退耕还林工程。

在案例县市的选取上，项目组考虑了各案例县市实施退耕还林工程的时间和规模，并兼顾了案例县市的自然条件和经济发展水平，最终选取基本能反映案例省份的总体情况。除作为对照组的山东平邑县以外，其余14个县（环江、平果、张北、平泉、易县、延长、镇安、修水、兴国、遂川、南部、南江、马边和沐川）均实施了退耕还林工程，样本县市实施退耕还林工程享受补助政策具有差异，其中，环江、平果、镇安、修水、兴国、遂川、南部、南江、马边和沐川等10个案例县按长江流域标准发放补助，张北、平泉、易县、延长等4个案例县市按黄河流域标准发放补助，且平泉和张北位于京津风沙源治理工程区内。在同一案例县内均设有处理组和对照组，一些样本农户参与了退耕还林工程，同时包含始终未参与退耕还林工程的样本农户，且对于参与工程的样本农户而言，参加工程的时间也不相同，这为开展本书创造了在同一时间截面上分析不同补助政策影响的可能性。因此，不论在省级和县级层面，本书选取的案例点对开展退耕还林工程相关研究具有较高的全国代表性。

4.1.3 数据指标

本书采用的农户数据库信息包括家庭特征、家庭资产、土地、劳动力、生产费用、产品销售、收入、现金消费、自给性消费、税费和借贷情况等，涉及退耕还林工程的数据包括农户参与退耕还林工程的时间、地块数、面积、年限、林种、存活率和补助情况，以及每块退耕地块的坡度和坡向等地块信息。此外，项目团队还建立了村级、乡镇级和县级数据库，这些数据库为开展农户研究提供了可量化的外部社会经济环境变化。根据农村居民消费价格指数和农业生产资料价格指数，本书将有关价格、收入和消费指标统一折合为1995年不变价（国家统计局，2019）。

由于本书需要探讨在不同林种和立地条件下退耕还林工程的影响，故需要利用退耕还林工程地块信息相关数据。第一轮退耕还林工程实施结束后，项目组于2008年对每个样本农户的每个退耕地块的详细信息进行了一次统计，包括实施退耕的时间、所造林种、坡度和坡向等。根据地块的退耕时间，可获得不同时间截面上农户参加退耕还林工程的动态数据，根据地块的不同类型，在合并同类项后可获得农户参与退耕还林工程的分类面积，如生态林面积和经济林面积。为保持数据的一致性，本书将1995～2016年的非平衡面板数据与2008年调研的样本农户取交集，形成了新的非平衡面板数据（见表4－1），这样就保证了所有观测数据均包含了农户参与退耕还林工程的地块信息。

表 4-1　非平衡面板数据的样本农户分布　（单位：户）

年度	四川	江西	河北	陕西	山东	广西	全部样本
1995	743	573	511	458	115	218	2618
1996	743	573	513	458	115	219	2621
1997	745	574	514	457	115	220	2625
1998	749	575	522	457	116	220	2639
1999	751	577	520	459	118	222	2647
2000	751	578	526	461	118	224	2658
2001	753	579	522	461	119	224	2658
2002	755	579	529	461	120	224	2668
2003	759	579	534	461	122	225	2680
2004	759	579	541	461	122	227	2689
2005	746	571	542	463	122	227	2671
2006	747	571	542	463	122	228	2673
2007	761	591	542	463	122	228	2707
2008	658	458	424	419	116	184	2259
2009	568	411	333	183	96	195	1786
2010	568	411	333	183	96	195	1786
2011	643	373	356	288	98	157	1915
2012	642	373	356	288	98	157	1914
2013	600	481	405	371	106	170	2133
2014	600	481	405	371	106	170	2133
2015	599	479	367	317	97	184	2043
2016	599	479	367	317	97	184	2043

4.2　数据主要特征

本节将分析样本农户参加退耕还林工程情况、生产要素投入、收入和消费相关指标的主要特征，以总体把握上述指标的空间差异以及在时间序列上的变化趋势，为后面的章节开展实证分析研究打下基础。

4.2.1　样本农户参加退耕还林工程情况

1999 年，四川、陕西和甘肃 3 省开展退耕还林工程试点，2007 年，第一轮退耕还林工程基本停止安排新的退耕地造林任务。这期间参加退耕还林工程的样本农户比例呈增长态势，从 13.45% 上升到 58.77%（见表 4－2）。除了 1999 年有 13.45% 的样本农户新参加退耕还林工程以外，2002 年和 2003 年新增参与退耕还林工程样本农户比例最大，分别为 15.50% 和 14.01%。2007 年后，受样本变化的影响，参与退耕还林工程的样本农户比例呈小幅波动态势，但基本保持在 55%～60% 之间。对于不同案例省份而言，启动退耕还林工程的时间和实施强度具有明显差异，样本农户参加退耕还林工程的比例存在较大差异。1999 年，作为试点的四川和陕西的样本农户开始参加退耕还林工程，2001 年，江西和河北的样本农户开始参加退耕还林工程，广西壮族自治区的样本农户则从 2002 年开始参加退耕还林工程。此外，表 4－2 显示陕西省参加退耕还林工程的样本农户比例在所有案例省区中最高，超过 90%，其次是河北省的样本农户，在 80% 左右，这可能是由于北方省份样本农户的户均耕地面积较大，土地退化情况更为严重，符合退耕还林条例的耕地面积比较大。生态区位突出的四川省参加退耕还林工程的样本农户比例也超过 60%，参加退耕还林工程样本农户比例最小的是江西省，2007 年后基本维持在 25%～30%。样本农户退耕面积占退耕前耕地面积的比重决定了退耕还林工程对土地利用的影响程度。对于全部样本农户而言，1999～2008 年，户均退耕面积占退耕前耕地面积的比重呈递增态势，由 10.96% 增长到 47.86%，表明样本农户将近半数的耕地进行了退耕造林，2008 年后呈小幅波动态势。分区域来看，不同省份样本农户参加退耕还林工程的规模具有较大差异。陕西省样本农户退耕地占退耕前耕地面积的比重最大，达到 70% 左右，这意味着退耕还林工程可能导致陕西省样本农户的土地利用结构发生较大的变化（见表 4－2）。

表 4－2　　样本农户参加退耕还林工程的情况　　（单位：%）

年度	四川		江西		河北		陕西		广西		全部样本	
	户数比	面积比	户数比	面积比	户数比	面积比	户数比	面积比	户数比	面积比	户数比	面积比
1999	7.19	8.05	0.00	0.00	0.00	0.00	65.80	38.48	0.00	0.00	13.45	10.96
2000	22.50	17.34	0.00	0.00	0.00	0.00	76.14	47.51	0.00	0.00	19.56	16.62

续表

年度	四川		江西		河北		陕西		广西		全部样本	
	户数比	面积比	户数比	面积比	户数比	面积比	户数比	面积比	户数比	面积比	户数比	面积比
2001	31.47	23.74	1.04	0.52	1.34	0.22	80.04	51.13	0.00	0.00	23.29	20.07
2002	43.84	32.38	10.36	3.89	41.02	24.25	84.16	56.70	17.41	11.93	38.79	30.96
2003	59.03	37.52	22.45	15.21	66.10	34.72	90.02	70.16	30.67	17.93	52.80	42.39
2004	60.47	38.56	25.39	17.13	74.49	38.04	92.41	72.51	31.72	18.05	56.04	44.90
2005	61.80	37.73	27.32	17.80	78.78	41.00	93.09	74.44	32.16	18.13	57.96	46.80
2006	62.25	37.91	27.85	18.79	79.70	41.24	95.90	75.35	32.02	18.07	58.85	47.57
2007	62.68	39.20	27.92	18.62	79.70	41.24	95.90	75.35	32.02	18.07	58.77	47.68
2008	60.94	38.97	28.60	20.31	80.66	39.52	95.94	74.46	33.70	17.81	59.23	47.86
2009	63.03	41.81	27.49	16.77	76.88	42.76	94.54	71.71	31.79	19.93	55.86	47.69
2010	63.03	42.35	27.49	16.65	76.88	42.03	94.54	71.96	31.79	19.62	55.86	47.51
2011	62.83	42.09	28.42	20.40	78.37	34.82	95.83	74.55	29.94	20.93	58.07	47.72
2012	62.93	42.07	28.42	20.46	78.37	34.81	95.83	74.05	29.94	20.96	58.10	47.61
2013	63.67	41.44	27.03	20.89	79.26	37.93	96.23	70.53	30.59	23.64	58.23	48.35
2014	63.67	41.08	27.03	20.89	79.26	37.92	96.23	71.79	30.59	23.73	58.23	48.59
2015	64.44	39.46	25.26	25.23	80.11	35.07	94.64	67.31	34.24	29.93	56.98	45.91
2016	64.44	40.55	25.26	24.76	80.11	35.67	94.64	66.64	34.24	30.32	56.98	46.21

样本农户实施的退耕还林分为生态林、经济林和还草，绝大部分退耕地以营造生态林和经济林为主，仅有约1%退耕地实施了退耕还草（见表4-3）。根据退耕还林工程实施规划要求，退耕还林营造生态林和经济林的比例为4∶1。1999年实施的退耕还林中生态林的比重略低于这一要求，但随着工程的推进，退耕地造生态林比重不断增大，2007年达到85.50%，之后一直维持在80%~85%之间。

在一定程度上，坡向决定了土地的立地条件，进而决定了以土地为基础相关活动的生产效率。表4-3显示，样本农户主要将位于阳坡的耕地用于参加退耕还林工程，1999~2016年，阳坡退耕地的比重维持在70%~75%，这可能与大多农作物需要较好的光照条件有关。一般而言，耕地的坡度越大越不利于农户开展粮食生产活动。为考察坡度差异对农户生产的影响，我们将样本农户的退耕地坡度划分为0°~6°、6°~15°、15°~25°和25°以上4种类型。根据《退耕还林条例》，退耕还林工程的实施对象应为25°以上的坡耕地，但在实施过程中，部分坡度低于25°的耕地也常被纳入退耕还林的实施范围。总体来看，样本农户早期参加退耕还林工程的耕地的坡度更大，1999年，80.24%的退耕地坡度在25°以上；15°~25°的退耕地占11.17%；6°~15°的退耕地占3.12%；0°~6°的退耕地占5.47%。但随着退耕还林工程规模的扩大，25°以上可用于退耕的坡耕地数量不断下降，农户将越来越多相对平缓的耕地投入退耕还林工程。2002年，样本农户25°以上的退耕地占比降至66.42%，2002~2008年这一比重略有恢复，2008年以后样本农户25°以上的退耕地占比基本维持在72%左右（见表4-3）。

表4-3　样本农户参加退耕还林工程地块特征分布　（单位：%）

年度	林种			坡向		坡度			
	生态林	经济林	草	阳坡	阴坡	0°~6°	6°~15°	15°~25°	25°以上
1999	67.51	31.41	1.08	71.90	28.10	5.47	3.12	11.17	80.24
2000	70.27	26.97	2.58	71.40	28.60	3.52	4.43	12.50	79.55
2001	71.07	26.57	2.06	71.02	28.98	3.21	4.96	13.37	78.46
2002	77.41	20.73	1.70	74.30	25.70	13.30	6.25	14.04	66.42
2003	83.80	15.07	1.03	73.16	26.84	12.40	6.82	13.88	66.89
2004	84.68	14.30	0.93	72.07	27.93	12.43	6.75	13.87	66.95
2005	85.18	13.87	0.86	72.17	27.83	12.15	6.50	13.24	68.12
2006	85.29	13.78	0.85	72.42	27.58	11.82	6.37	12.89	68.92
2007	85.50	13.59	0.83	72.39	27.61	11.65	6.28	12.74	69.33
2008	85.39	13.73	0.79	71.80	28.20	10.04	6.44	12.04	71.48
2009	82.40	16.36	1.10	72.48	27.52	6.40	6.84	13.96	72.80
2010	82.40	16.36	1.10	72.48	27.52	6.40	6.84	13.96	72.80
2011	82.73	16.15	1.00	72.92	27.08	7.30	6.54	14.11	72.05
2012	82.73	16.15	1.00	72.92	27.08	7.30	6.54	14.11	72.05
2013	84.47	14.68	0.75	72.08	27.92	9.51	6.21	12.70	71.58
2014	84.47	14.68	0.75	72.08	27.92	9.51	6.21	12.70	71.58
2015	85.43	13.53	0.92	70.69	29.31	8.13	6.04	13.27	72.56
2016	85.43	13.53	0.92	70.69	29.31	8.13	6.04	13.27	72.56

样本农户获得退耕还林工程补贴的情况如表4－4所示。1999～2016年，获得退耕还林工程补贴的样本农户占全部样本农户以及参加工程样本农户的比重均呈先升后降态势。1999～2007年，获得退耕还林工程补贴的样本农户占全部样本农户的比重从7.56%上升到56.78%。然而，由于造林验收不合格、退耕还林补贴发放不及时、不到位等原因，并不是所有参加退耕还林工程的样本农户都能够足额获得补贴，1999年，56.18%的退耕还林参与农户在当年获得了补贴，这一比重随后逐年上升，2007年有高达96.61%的退耕还林参与农户获得了补贴。受退耕还林补贴政策调整和到期等因素的影响，上述两项指标在2008年后均呈现出下降态势，2016年，获得补贴的样本农户占全部样本农户和参加退耕还林工程样本农户的比重分别为37.00%和64.95%。

表4－4　样本农户获得退耕还林工程补贴情况　（单位:%、元）

年度	获得补贴占总样本比重	获得补贴占参加工程的比重	户均补贴额	每公顷补贴额
1999	7.56	56.18	48.48	1063.65
2000	16.37	83.65	112.19	1518.30
2001	18.43	79.16	124.91	1345.95
2002	31.93	82.32	257.63	1554.90
2003	45.78	86.71	381.34	1401.45
2004	47.97	85.60	487.49	1615.65
2005	53.54	92.38	529.35	1622.70
2006	54.47	92.56	529.80	1574.85
2007	56.78	96.61	520.15	1543.80
2008	51.00	86.10	523.51	1540.95
2009	45.86	85.14	360.39	1220.25
2010	45.02	83.58	328.33	1111.65
2011	47.36	81.56	293.91	906.15
2012	47.49	81.74	279.04	859.80
2013	41.58	71.42	228.05	687.75
2014	41.91	71.98	230.58	695.40
2015	40.33	70.79	234.49	757.80
2016	37.00	64.95	237.29	766.80

同时，1999～2016年，样本农户获得退耕还林工程的补贴额也呈现出先升后降态势。户均补贴额从1999年的48.48元上升到2008年的523.51元，之后逐渐降低到2016年的237.29元。同期样本农户每公顷退耕还林工程获得的补贴额基本呈下降态势，1999～2008年，样本农户每公顷退耕还林补贴额具有小幅波动，之后从2008年的1540.95元减少为2016年766.80元，减幅近50%。样本农户获得退耕还林工程的户均补贴额和每公顷补贴额均在2008年后有所下降，一方面是由于退耕还林工程补贴政策调整，农户陆续进入了延长补助期，另一方面是由于考虑到了物价上涨因素，折算不变价后，原本不变的退耕还林补贴标准实际上在不断降低。

4.2.2 样本农户的生产要素投入及集约经营强度

农户的生产要素投入主要分为土地、劳动力和资本投入，土地是农户开展种植业、林业生产的基础，退耕还林工程在耕地上实施造林，进而直接影响农户的土地利用结构。1995～1998年，样本农户的耕地和林地面积基本保持稳定（见表4－5）。退耕还林工程实施以后，样本农户的户均耕地面积逐渐减少，从1998年的0.71公顷下降到2008年的0.37公顷，减少了0.34公顷，与样本农户户均累计实施退耕还林的面积基本一致。2009～2016年，样本农户的户均耕地面积具有小幅波动。林业方面，1998年以来，样本农户的户均林地面积呈速持续态势，从1998年的0.68公顷增长到2016年1.77公顷，增幅高达159.75%。除了退耕还林及其荒山匹配造林的贡献以外，样本农户林地面积的增长还与实施其他林业重点工程以及新一轮集体林权制度改革等林业政策有关。

表4－5　样本农户的生产要素投入情况　（单位：公顷、人天、元）

年度	土地		劳动力		生产费用
	耕地	林地	以土地为基础的生产活动	非农生产活动	以土地为基础的生产活动
1995	0.71	0.67	234.99	88.80	511.68
1996	0.71	0.66	235.40	92.38	480.74
1997	0.71	0.67	237.80	100.74	501.27

续表

年度	土地		劳动力		生产费用
	耕地	林地	以土地为基础的生产活动	非农生产活动	以土地为基础的生产活动
1998	0.71	0.68	237.46	108.94	551.22
1999	0.67	0.72	236.57	118.93	597.84
2000	0.64	0.75	232.61	137.00	645.04
2001	0.62	0.77	229.32	151.06	668.60
2002	0.54	0.84	225.70	165.44	692.13
2003	0.44	0.97	224.43	178.06	701.41
2004	0.41	0.99	223.21	182.49	677.66
2005	0.38	1.23	223.45	206.26	701.62
2006	0.37	1.23	228.19	217.18	766.33
2007	0.37	1.26	208.16	253.09	1048.26
2008	0.37	1.27	195.58	268.39	1172.03
2009	0.34	1.32	200.96	252.00	1200.93
2010	0.34	1.42	204.45	254.60	1380.20
2011	0.36	1.54	186.74	255.25	1465.59
2012	0.36	1.54	188.57	259.09	1589.93
2013	0.35	1.60	175.22	263.32	1571.37
2014	0.35	1.62	175.14	265.45	1668.52
2015	0.36	1.77	182.45	301.11	1761.74
2016	0.36	1.77	177.56	298.53	1830.37

在本书关注的考察期内，样本农户的劳动力投入及其结构均发生了显著的变化。将样本农户的生产活动划分为以土地为基础的生产活动和非农生产活动，以土地为基础的生产活动包括种植业、林业、畜牧业和渔业生产活动，非农生产活动主要包括外出或在本地从事各种非农生产活动。1995～2016 年，样本农户以土地为基础的劳动力投入基本呈现逐年递减态势，户均投入从 234.99 人天降至 177.56 人天，减少了 24.44%（见表 4－5）；同期，样本农户的非农劳动力投入呈递增态势，户均投入从 88.80 人天增长到 298.53 人天，增长了 236.18%；受上述变化的影响，样本农户的劳动力投入结构也随之发生了较大的变化，非农劳动力投入比重不断上升，从 1995 年的 27.42% 增长

到2016年的62.70%，增长了35.28个百分点，尤其是在2006年以后，非农行业就成为样本农户劳动力投入中的主导行业。基于本书所利用数据库的统计口径，非农收入的统计指标为纯收入，不涉及农户从事非农投入的生产费用，故在此仅考虑样本农户从事以土地为基础活动所投入的生产费用。与劳动力投入变化形成鲜明对比，1995～2016年，样本农户以土地为基础的生产费用投入从511.68元增长到1830.37元，增幅达到257.72%。

将样本农户以土地为基础的生产活动进一步划分为林业、种植业和畜牧业活动，1995～2016年，各行业的劳动力投入量和投入强度呈现出不同的变化趋势（见表4－6）。样本农户的林业劳动力投入呈增长态势，尤其是在1998～2010年，受到实施林业重点工程和新一轮集体林权制度改革的影响，户均林业劳动力投入从15.35人天增长到35.86人天，增幅为133.62%；2010年后，投入有所下降，但也基本保持在30人天以上。从投入强度来看，样本农户的林业劳动力投入强度呈现出先升后降态势，并具有明显的阶段性特征，强度最高为1999～2004年，林地劳动力投入强度为30人天/公顷左右，在很大程度上，这与样本农户参加退耕还林工程开展了大量造林活动有关，此外，2005～2010年样本农户的林业劳动力投入强度有所下降，但也处于较高水平，介于24～27人天/公顷；2011年后，样本农户的林业劳动力投入强度大幅回落，2016年的户均林业劳动力投入强度仅为16.95人天/公顷。1998～2016年，样本农户的种植业劳动力投入量从143.28人天减少到87.92人天，降幅为38.78%。值得注意的是，在退耕还林工程主要实施阶段（1999～2007年），样本农户的种植业劳动力投入强度显著提高，从206.85人天/公顷提高到318.60人天/公顷，增加了54.02%，这表明该时期的样本农户可能无法将原有耕地上释放的劳动力投入迅速转移到其他行业，进而只通过提高剩余耕地的劳动力强度来“消化”部分剩余劳动力。随着退耕还林工程新退耕地造林的停止，一些释放出的剩余劳动力开始逐渐转移到其他行业，2008年以来，样本农户的种植业劳动强度有所下降，2016年，样本农户户均种植业劳动力投入强度为244.05人天/公顷，但仍高于样本农户参加退耕还林工程前的水平。样本农户的畜牧业劳动力投入在2007年前基本保持75～80人天，2007年后下降60人天左右，并伴随了一些波动。与劳动力投入有所差别，1995～

2016年，样本农户对林业、种植业和畜牧业投入的生产费用均呈显著增长之势（见表4-6）。其中，林业生产费用投入的增幅最大，达到674.20%；种植业生产费用投入的增幅最小，为182.89%。在生产费用投入强度上，由于耕地面积大幅减少，促使样本农户种植业生产费用的投入强度在1995~2016年上涨了460.01%，2016年的每公顷耕地的生产费用投入已达到2663.70元。另外，样本农户的林业生产费用投入强度也有所提高，尤其在1995~2010年，从30.75元/公顷提高到134.85元/公顷，但在2010年后又有所下降，到2016年下降到90.30元/公顷。

表4-6　样本农户以土地为基础的要素投入及集约经营情况

年度	劳动力（人天、人天/公顷）					生产费用（元、元/公顷）				
	林业		种植业		养殖业	林业		种植业		养殖业
	投入量	投入强度	投入量	投入强度		投入量	投入强度	投入量	投入强度	
1995	14.47	21.60	143.62	201.45	76.90	20.62	30.75	339.12	475.65	151.94
1996	14.50	21.90	143.17	200.85	77.73	19.20	28.95	319.82	448.50	141.72
1997	14.85	22.20	143.79	201.90	79.16	20.44	30.60	328.18	460.80	152.64
1998	15.35	22.50	143.28	201.30	78.83	24.31	35.70	362.56	509.25	164.35
1999	20.28	28.20	137.62	206.85	78.67	34.74	48.15	384.80	578.25	178.30
2000	22.36	29.85	132.49	207.75	77.76	40.93	54.75	402.49	631.20	201.62
2001	22.80	29.70	129.15	209.40	77.37	47.18	61.35	414.63	672.15	206.80
2002	27.12	32.10	121.86	224.25	76.73	59.09	70.05	415.05	763.65	218.00
2003	31.52	32.55	115.61	264.60	77.29	66.90	69.00	411.06	940.95	223.45
2004	30.75	31.05	112.52	276.30	79.94	59.67	60.15	391.16	960.30	226.83
2005	29.48	24.00	118.56	310.95	75.42	69.93	56.85	393.79	1032.75	237.89
2006	30.81	24.90	119.69	322.80	77.69	76.11	61.65	417.53	1126.20	272.69
2007	33.77	26.85	117.78	318.60	56.62	117.13	94.80	597.40	1615.95	293.73
2008	34.39	27.00	103.34	279.15	57.85	152.27	119.85	631.75	1706.85	388.01
2009	35.01	26.40	98.49	292.05	67.47	173.40	130.95	662.63	1964.85	364.89
2010	35.86	25.20	99.82	293.85	68.78	191.46	134.85	718.32	2114.40	470.42
2011	31.91	20.70	95.14	267.75	59.68	153.45	99.75	763.69	2148.60	548.44
2012	31.66	20.55	93.98	263.25	62.93	175.65	113.85	805.44	2255.40	608.85
2013	29.44	18.45	87.42	246.75	58.36	133.76	83.70	786.16	2219.25	651.44
2014	30.99	19.20	86.54	246.60	57.62	159.73	98.55	739.85	2108.40	768.93
2015	31.80	18.00	89.83	246.30	60.83	152.20	85.95	896.31	2458.35	713.22
2016	30.02	16.95	87.92	244.05	59.61	159.64	90.30	959.34	2663.70	711.39

从上述生产要素指标的变化方式和特点可以推断，在很大程度上，实施退耕还林工程改变了样本农户的土地利用结构，由于将耕地转化为林地，为了追求利润最大化，样本农户改变了对各行业劳动力、资本等生产要素的投入。这些变化不但反映在生产要素的投入量上，且同时反映在投入强度上，进而引起农户收入及其结构的变化。

4.2.3 样本农户的收入及其结构

样本农户的收入及其结构变化见表 4－7。1995～2016 年，样本农户户均总收入从 4217.76 元增长到 22355.02 元，增幅为 430.02%，年增长率为 8.27%，同期 6 个案例省份农民人均纯收入的年增长率为 7.97%（国家统计局，2019）；从收入来源来看，以土地为基础的收入增长相对较缓，样本农户户均以土地为基础收入从 1995 年的 2907.74 元增长到 2016 年的 7415.77 元，增长了 155.04%，同时，受到非农劳动力投入快速增长的影响，样本农户的户均非农收入同期从 1310.03 元增长到 14939.25 元，增幅达 1040.38%。由于不同来源收入的增幅存在差异，1995～2016 年，样本农户的收入结构发生了明显的变化，虽然以土地为基础的收入有所增长，但其占总收入的比重从 68.94% 下降到 33.17%，下降了 35.74 个百分点。相应地，样本农户的非农收入比重明显上升，2007 年以来，非农收入取代以土地为基础的收入，成为样本农户最主要的收入来源。

表 4－7　样本农户的收入及其结构　（单位：元）

年度	总收入	以土地为基础的收入	非农收入
1995	4217.76	2907.74	1310.03
1996	4078.93	2783.49	1295.44
1997	4241.91	2821.02	1420.89
1998	4554.23	2974.81	1579.42
1999	4918.00	3088.05	1829.95
2000	5512.25	3360.13	2152.12
2001	5881.29	3438.87	2442.42
2002	6606.76	3817.12	2789.64

续表

年度	总收入	以土地为基础的收入	非农收入
2003	7085.45	4052.55	3032.90
2004	7744.39	4446.32	3298.06
2005	8356.82	4303.36	4053.47
2006	9563.88	4830.37	4733.51
2007	10756.97	4931.39	5825.58
2008	11658.37	5242.83	6415.54
2009	11921.51	4826.13	7095.37
2010	13846.41	5537.93	8308.48
2011	15983.28	6183.79	9799.49
2012	17950.14	6839.40	11110.74
2013	16687.26	6007.44	10679.82
2014	17755.85	6269.85	11486.00
2015	21309.70	7113.50	14196.20
2016	22355.02	7415.77	14939.25

将样本农户以土地为基础的收入进一步划分为种植业收入、林业收入、养殖业收入、种植业补贴、退耕还林补贴和其他林业补贴（见表4－8）。在上述收入类型中，种植业收入所占比重最高，其次是养殖业收入，林业在样本农户以土地为基础的生产活动中的收入比重最低。在研究期内，样本农户以土地为基础的收入结构发生了比较明显的变化，1995～2016年，样本农户户均种植业收入上升了90.04%，户均林业收入则大幅上升了301.84%。样本农户的种植业收入和林业收入增长体现出的特点与退耕还林工程实施其具有一定的重合，种植业收入增长主要发生在2008～2016年，2008年前的户均种植业收入呈小幅波动态势。林业收入增长主要发生在1999年以来，从363.374元增长到2016年的1351.61元，增幅达271.59%。在研究期内，样本农户的养殖业收入呈逐年上升态势，从1995年的908.82元增长到2016年的2290.48元，增长了152.03%。此外，2003年以来，政府加大了对种植业生产的扶持力度，样本农户户均获得的粮食直补、农资综合补贴、良种补贴等种植业补贴从2003年的1.48元增长到2016年的211.31元，在退耕还林工程补贴以外，户均获得的其他林业工程、造林、抚育、公益林管护等林业补

贴从1995年的11.47元增长到2016年的187.37元。

表4－8　　样本农户以土地为基础生产活动的收入及其结构　　（单位：元）

年度	种植业	林业	养殖业	种植业补贴	退耕还林补贴	其他林业补贴
1995	1651.09	336.36	908.82	0.00	0.00	11.47
1996	1564.98	319.19	888.76	0.00	0.00	10.57
1997	1561.09	326.38	921.47	0.00	0.00	12.08
1998	1623.23	357.14	979.63	0.00	0.00	14.81
1999	1614.33	363.74	1028.54	0.00	48.48	32.96
2000	1688.35	402.74	1101.73	0.00	112.19	55.12
2001	1690.25	432.54	1139.93	0.00	124.91	51.24
2002	1748.03	485.71	1268.61	0.00	257.63	57.14
2003	1763.00	512.73	1326.44	1.48	381.34	67.56
2004	1862.25	574.31	1452.72	5.28	487.49	64.27
2005	1766.77	518.35	1412.82	47.62	529.35	28.45
2006	1835.69	601.51	1738.69	66.60	529.80	58.07
2007	1676.35	767.56	1846.37	92.06	520.15	28.90
2008	1584.97	854.23	2070.29	170.68	523.51	39.15
2009	1888.17	730.21	1630.55	167.96	360.39	48.85
2010	2106.39	952.82	1923.60	170.45	328.33	56.34
2011	2827.16	827.15	1965.59	224.37	293.91	45.62
2012	3003.64	1050.09	2227.99	234.28	279.04	44.36
2013	2718.52	970.22	1873.28	156.87	228.05	60.50
2014	2740.79	1077.73	1999.83	154.00	230.58	66.92
2015	3151.31	1152.72	2250.07	194.12	234.49	130.79
2016	3137.69	1351.63	2290.48	211.31	237.29	187.37

样本农户的非农收入分为在本地打临时工、外出打长期工、自主经营活动以及从事管理、文教、卫生等相对稳定职业所得到的干部工资和其他形式的非农收入。在上述非农收入中，外出从事长期工收入的比重最高，其次是在本地打临时工获得的收入，由于进行自主经营活动和从事相对稳定职业的样本农户

比重较小，这两种类型的收入在非农收入的比重亦相对较低（见表4-9）。1995~2016年，样本农户的各种非农收入均有大幅增长，本地临时工、外出长期工、自主经营和干部工资分别增长了358.53%、969.53%、765.04%和987.24%。需要说明的是，除上述四类非农生产活动的收入以外，样本农户还得到了一些其他形式的非农收入，如农村养老保险以及低保、扶贫等非农补助等，2005~2016年，该项收入从205.10元快速增长至4371.72元，并逐渐上升为样本农户第二重要的非农收入来源。

表4-9 样本农户非农生产活动的收入及其结构 （单位：元）

年度	临时工	长期工	自主经营	干部工资	其他
1995	501.97	511.63	193.06	103.36	0.00
1996	494.00	507.62	194.82	99.00	0.00
1997	520.74	588.45	205.96	105.74	0.00
1998	586.97	660.99	211.64	119.82	0.00
1999	669.15	759.26	265.32	136.23	0.00
2000	764.82	918.04	317.35	151.91	0.00
2001	858.69	1071.40	347.25	165.08	0.00
2002	982.15	1224.83	392.07	190.59	0.00
2003	1059.72	1343.19	428.35	201.65	0.00
2004	1154.69	1448.43	474.73	220.21	0.00
2005	1323.40	1828.97	445.95	250.04	205.10
2006	1478.87	2277.34	506.52	260.82	209.96
2007	1774.03	2271.86	973.51	430.54	375.63
2008	1968.69	2420.06	1073.34	539.44	414.02
2009	2332.46	2125.90	1436.36	703.42	497.22
2010	2453.39	3019.30	1517.50	690.09	628.20
2011	2431.99	3548.55	1550.79	935.60	1332.56
2012	2564.02	4503.78	1745.29	944.89	1352.75
2013	1804.60	4134.23	1548.52	999.51	2192.96
2014	1852.92	4816.89	1477.39	1080.71	2258.08
2015	2251.34	5596.68	1686.36	1100.31	3561.51
2016	2301.66	5472.05	1670.04	1123.77	4371.72

4.2.4 样本农户的消费及其结构

1995～2016年，样本农户的户均总消费支出从3036.94元增长到14500.29元，增幅为377.46%，略低于同期样本农户的收入增幅（见表4－10）。在本研究所利用的数据库中，将总消费划分为食品消费和非食品消费。1995～2016年，非食品消费增长成为样本农户消费水平提高的主要动力。1995年，样本农户的消费结构中以食品消费为主，户均食品消费支出为1727.73元，非食品消费支出为1309.21元，恩格尔系数为0.57。但随着收入水平的提升，样本农户的食品消费和非食品消费均不断增长，2001年，样本农户户均食品消费支出已增长到1958.30元，非食品消费支出为2049.11元，恩格尔系数首次低于0.50，非食品消费取代食品消费成为农户消费支出中的主导。2001年以来，消费增长趋势得以延续，但非食品消费的增速始终快于食品消费，2016年，样本农户的户均食品消费支出为4567.86元，非食品消费为9932.43元，恩格尔系数下降至0.32，非食品消费在农户消费支出中的主导地位得到进一步强化。

表4－10　样本农户消费支出情况　（单位：元）

年度	总消费	食品消费	非食品消费	恩格尔系数
1995	3036.94	1727.73	1309.21	0.57
1996	2963.42	1661.77	1301.65	0.56
1997	3064.10	1681.91	1382.19	0.55
1998	3276.84	1780.03	1496.81	0.54
1999	3522.70	1840.17	1682.53	0.52
2000	3838.98	1958.52	1880.46	0.51
2001	4007.41	1958.30	2049.11	0.49
2002	4330.52	2054.56	2275.96	0.47
2003	4596.57	2147.25	2449.32	0.47
2004	4901.96	2250.93	2651.03	0.46
2005	5067.12	1912.41	3154.71	0.38

续表

年度	总消费	食品消费	非食品消费	恩格尔系数
2006	5519.37	2085.26	3434.11	0.38
2007	7609.50	2596.13	5013.37	0.34
2008	7919.70	2386.96	5532.74	0.30
2009	8283.30	2622.31	5660.99	0.32
2010	9435.11	2848.49	6586.62	0.30
2011	10838.33	3775.45	7062.88	0.35
2012	11712.98	3982.19	7730.79	0.34
2013	12459.99	4142.91	8317.08	0.33
2014	12959.87	4188.09	8771.78	0.32
2015	13612.72	4500.54	9112.18	0.33
2016	14500.29	4567.86	9932.43	0.32

本书进一步将食品消费划分为粮食消费和副食消费，1995 年，粮食消费在食品消费中占据主导地位，副食消费所占比重相对较小，仅为 41.62%；但在 1995～2016 年，样本农户的粮食消费基本保持不变，副食消费则大幅上涨了 385.41%，这导致样本农户的食品消费结构发生了明显的变化，2016 年，副食消费所占比重上涨为 76.41%，相对于粮食消费，副食消费更加体现了食品消费的质量，因此，副食比重的上升表明样本农户的食品消费结构在一定程度上得到改善（见表 4－11）。

表 4－11　样本农户食品消费结构　（单位：元,%）

年度	粮食消费			副食消费		
	自给性消费	购买性消费	自给性消费比重	自给性消费	购买性消费	自给性消费比重
1995	755.91	252.77	74.94	443.15	275.90	61.63
1996	721.35	242.25	74.86	429.73	268.44	61.55
1997	723.09	244.79	74.71	436.13	277.90	61.08
1998	758.84	255.51	74.81	471.21	294.47	61.54
1999	763.00	269.57	73.89	490.90	316.70	60.78

续表

年度	粮食消费			副食消费		
	自给性消费	购买性消费	自给性消费比重	自给性消费	购买性消费	自给性消费比重
2000	801. 19	282. 85	73. 91	536. 44	338. 04	61. 34
2001	785. 60	288. 69	73. 13	530. 70	353. 31	60. 03
2002	806. 16	307. 14	72. 41	567. 75	373. 51	60. 32
2003	840. 63	319. 42	72. 46	598. 58	388. 62	60. 63
2004	886. 70	329. 92	72. 88	643. 08	391. 23	62. 17
2005	717. 94	338. 61	67. 95	420. 32	435. 54	49. 11
2006	762. 55	348. 91	68. 61	494. 45	479. 35	50. 78
2007	658. 32	343. 17	65. 73	854. 46	740. 18	53. 58
2008	615. 34	358. 79	63. 17	775. 02	637. 81	54. 86
2009	636. 42	405. 67	61. 07	770. 05	810. 17	48. 73
2010	614. 61	434. 14	58. 60	939. 77	859. 97	52. 22
2011	548. 27	532. 70	50. 72	1464. 70	1229. 78	54. 36
2012	578. 37	560. 02	50. 81	1550. 79	1293. 02	54. 53
2013	612. 55	569. 86	51. 81	1294. 98	1665. 52	43. 74
2014	609. 13	580. 81	51. 19	1285. 99	1712. 16	42. 89
2015	543. 33	534. 97	50. 39	1520. 68	1901. 56	44. 44
2016	532. 02	545. 50	49. 37	1544. 34	1946. 00	44. 25

在我国农户的食品消费结构中，普遍存在将部分自己生产农、林、畜、渔产品用于满足自身生活，但农业生产的种类相对有限，自给性食品难以满足所有食品消费需求，对于不足的部分就会通过购买食品以满足其需求。本书将粮食和副食消费进一步划分为自给性消费和购买性消费。在研究期内，虽然粮食消费并无显著增长，但其来源结构却发生明显变化，主要体现在自给性消费比重显著下降。1995 年，样本农户自给性粮食消费比重达到74. 94%，在 1995 ~ 1999 年，样本农户自给性粮食消费比重基本无变化，从1999 年开始，该比重开始呈下降态势，特别是在 2004 ~ 2011 年期间从72. 88% 下降至 50. 72%，这可能与大规模实施退耕还林导致粮食产量下降有

关，到2016年，样本农户粮食消费中的自给性消费和购买性消费约各占50%。样本农户副食消费的自给性消费比重整体上低于粮食消费，1995～2016年，由于购买性副食消费快速增长，样本农户的自给性副食消费比重从61.63%降低至44.25%。

本书进一步分解将样本农户的非食品消费划分为烟酒、服装、医疗、教育、文化、交通、通讯、能源、水电和其他方面（主要包含耐用品和人情往来支出）等10个类型。1995～2016年，样本农户各类非食品消费支出均获得明显的增长，其中，增幅最大的是通讯、医疗和其他方面的消费支出，特别是通讯消费支出上涨了近47倍，增幅最小的是烟酒、服装和水电的消费支出。各类消费呈现出的不同的差异变化趋势导致样本农户的消费结构发生了明显的变化，1995年，样本农户的非食品消费结构中，烟酒、服装、教育是支出最高的3种消费类型，文化、通讯和能源是支出最低的3种消费类型。但在2016年，医疗、教育和其他方面成为支出最高的3种消费类型，且已明显拉开了与烟酒、服装等传统消费大项的差距，需要注意的是，样本农户在文化方面的消费支出仍在所有消费类型中最低（见表4－12）。

表4－12　　样本农户非食品消费结构　　（单位：元、%）

年度	烟酒	服装	医疗	教育	文化	交通	通讯	能源	水电	其他
1995	244.73	240.23	196.67	209.07	10.86	80.05	12.95	45.34	91.44	177.87
1996	238.35	232.18	182.22	232.52	9.75	82.92	13.76	44.02	87.94	178.00
1997	244.26	244.86	198.51	259.25	9.72	91.74	17.06	45.12	90.77	180.89
1998	258.72	258.28	204.96	290.42	15.20	102.04	23.68	48.96	95.81	198.75
1999	280.93	280.97	245.65	343.54	11.05	119.01	31.38	53.77	102.26	213.98
2000	300.51	301.20	251.96	401.79	18.26	138.87	52.29	61.81	107.76	245.99
2001	315.79	319.40	292.29	436.16	20.71	158.04	66.94	66.98	111.52	261.30
2002	334.13	338.53	310.47	506.22	28.43	177.61	100.25	73.75	116.39	290.17
2003	347.14	353.95	348.11	553.85	28.76	201.26	132.62	79.57	121.60	282.46
2004	353.08	367.20	408.65	593.71	39.48	219.94	156.85	85.69	122.90	303.53
2005	381.94	394.99	442.38	697.98	30.72	232.87	224.90	89.18	145.14	514.60
2006	414.25	432.42	524.36	728.16	23.61	260.01	258.75	96.40	155.20	540.96
2007	487.91	446.56	1038.53	1213.11	41.78	284.25	342.02	143.89	180.76	834.56

续表

年度	烟酒	服装	医疗	教育	文化	交通	通讯	能源	水电	其他
2008	485.05	414.03	1148.30	1556.52	30.98	240.07	353.97	169.45	203.66	930.71
2009	448.43	445.97	1129.38	1658.48	46.46	265.42	447.78	152.51	265.58	800.99
2010	504.90	508.16	1388.40	1792.66	56.81	315.75	475.35	170.39	281.72	1092.48
2011	737.28	501.24	1328.11	1596.79	49.09	334.37	461.09	241.75	318.14	1495.02
2012	774.46	539.54	1645.93	1600.06	54.55	363.87	486.56	257.65	328.64	1679.55
2013	775.74	569.69	1630.86	1789.21	71.40	527.41	518.03	210.64	340.59	1883.51
2014	787.75	591.28	1892.01	1813.88	78.70	545.00	530.94	219.62	346.22	1966.38
2015	672.96	731.07	1962.56	2025.08	82.40	590.33	614.72	228.23	403.45	1801.39
2016	669.41	750.39	2583.66	2041.29	81.09	632.13	619.72	231.03	405.58	1918.13

4.3 相关统计检验

在开展退耕还林工程对农户收入、消费及其不平等的影响的实证分析之前，需要开展一些统计检验，以便更好选择估计技术和模型结构。

4.3.1 遗失样本的随机性检验

针对原始面板和本书所利用面板的样本差异，借鉴 Little and Rubin (2002) 的思路，检验样本农户遗失的随机程度。选取生产要素投入、收入、农户基本特征及参加退耕还林工程等主要变量分年度开展方差分析，统计检验结果显示两套数据的主要变量在统计学上基本无显著差异（见表 4 – 13），表明样本遗失属于完全随机的。

表 4 – 13 原始数据库和非平衡面的数据库主要变量方差分析（组间差异 P 值）

年度	耕地面积	林地面积	以土地为基础的劳动力	非农劳动力	以土地为基础的生产费用	总收入	受教育年限	家庭人口	户主年龄	参加退耕面积
1995	0.867	0.981	0.199	0.349	0.934	0.979	0.911	0.848	0.761	—
1996	0.869	0.985	0.208	0.351	0.905	0.890	0.913	0.849	0.757	—

续表

年度	耕地面积	林地面积	以土地为基础的劳动力	非农劳动力	以土地为基础的生产费用	总收入	受教育年限	家庭人口	户主年龄	参加退耕面积
1997	0.863	0.954	0.172	0.414	0.834	0.815	0.904	0.795	0.750	—
1998	0.828	0.950	0.151	0.355	0.887	0.781	0.910	0.826	0.723	—
1999	0.820	0.892	0.100	0.280	0.760	0.866	0.919	0.850	0.724	0.450
2000	0.851	0.875	0.144	0.246	0.774	0.746	0.924	0.825	0.752	0.454
2001	0.887	0.826	0.115	0.262	0.897	0.726	0.931	0.818	0.723	0.314
2002	0.732	0.827	0.194	0.193	0.901	0.698	0.930	0.789	0.724	0.441
2003	0.666	0.745	0.144	0.144	0.945	0.660	0.914	0.773	0.748	0.479
2004	0.689	0.735	0.152	0.389	0.910	0.858	0.921	0.741	0.744	0.387
2005	0.609	0.801	0.215	0.195	0.498	0.635	0.846	0.660	0.744	0.501
2006	0.595	0.813	0.197	0.235	0.572	0.787	0.848	0.607	0.741	0.499
2007	1.000	1.000	1.000	1.000	1.000	1.000	1.000	1.000	1.000	1.000
2008	0.716	0.819	0.660	0.497	0.878	0.995	0.798	0.542	0.935	0.577
2009	0.918	0.772	0.429	0.673	0.885	0.617	0.854	0.849	0.580	0.970
2010	0.762	0.738	0.445	0.664	0.874	0.759	0.839	0.848	0.593	0.961
2011	0.700	0.660	0.570	0.344	0.921	0.724	0.981	0.917	0.875	0.533
2012	0.725	0.657	0.718	0.345	0.899	0.902	0.981	0.921	0.872	0.545
2013	0.472	0.681	0.338	0.136	0.907	0.673	0.945	0.781	0.836	0.438
2014	0.569	0.669	0.373	0.152	0.905	0.680	0.945	0.781	0.836	0.450
2015	0.149	0.442	0.011**	0.442	0.766	0.740	0.707	0.437	0.546	0.794
2016	0.184	0.457	0.022**	0.508	0.629	0.825	0.707	0.437	0.546	0.915

注：** 表示达到5%的显著性水平。

4.3.2 平行趋势检验

为避免非平行趋势对实证模型估计造成偏误，需要在正式回归之前对退耕还林工程的处理组和对照组样本进行平行趋势检验，检验结果表明：在实施退耕还林工程前的1995~1998年，处理组与对照组的主要变量均无显著差异（见表4-14），因此，处理组和对照组具有平行性。

表 4-14 平行趋势检验结果

年度	林地面积	耕地面积	以土地为基础的劳动力	以土地为基础的生产费用	非农劳动力	以土地为基础的收入	非农收入
1995	-1.1757 (0.8153)	0.1930 (0.2216)	-0.6736 (0.6985)	-0.2363 (0.1643)	-0.2599 (0.6196)	-0.1280 (0.0983)	-0.3379 (0.8292)
1996	-1.1852 (0.8032)	0.2058 (0.2219)	-0.6897 (0.6883)	-0.1952 (0.1504)	-0.2705 (0.6698)	-0.1500 (0.0939)	-0.2677 (0.8399)
1997	-1.1790 (0.8057)	0.2098 (0.2208)	-0.7065 (0.6926)	-0.2377 (0.1533)	-0.2858 (0.6808)	-0.1332 (0.0909)	-0.3861 (0.8410)
1998	-1.1581 (0.7963)	0.1849 (0.2228)	-0.6882 (0.6856)	-0.2327 (0.1556)	-0.2897 (0.7151)	-0.1092 (0.0685)	-0.4513 (0.8720)

注：受篇幅限制，仅报告处理组对各因变量的影响，括号内为标准差。

4.3.3 内生性检验

本书分析退耕还林工程对农户收入、消费及其不平等的影响，农户参与退耕还林工程是否具有内生性是必然需要讨论的问题。如果农户参加退耕还林工程具有自选择性而在实证分析时不做特殊处理，就可能产生严重的估计偏误。根据退耕还林工程政策设计，样本农户有自主选择参与工程的权利，但区别于美国土地休耕项目等采用投标或议价等竞价模式，退耕还林工程具有非常鲜明的行政安排特点，政府部门统一制定规划，规定了造林规模、林种比例、补助形式、标准和期限。在实际操作中，由于退耕还林补助颇具吸引力，如果农户的耕地地块被划入工程区且符合条件，基本很难拒绝参加工程（Uchida et al.，2005）；但如果农户的耕地地块没有划入工程区，意味着即使农户愿意，也没有办法参加退耕还林工程（刘璨和张巍，2005；Liu et al.，2010）。从这个意义来讲，农户参与退耕还林工程更类似于行政安排的结果（Yin et al.，2018），农户存在自选择问题的可能性较小。

为保证后面章节实证分析结果的可靠性，本节仍将采用工具变量法检验样本农户参加退耕还林工程是否具有内生性。以估计退耕还林工程对农户以土地为基础的收入的影响为例，由于存在处理组和对照组农户，借鉴刘璨和张巍（2005）、Yin 等（2018）的思路，选择在村级层面实施退耕还林工程作为农户参加退耕还林工程的工具变量。一方面，村级层面实施退耕还林工程与农户个体收入无关，即符合外生条件；另一方面，只有当在村级层面实施了退耕还林工程，农户才有可能参与到退耕还林工程中。

分别采用普通最小二乘法（OLS）和两阶段最小二乘法（2SLS）的估计退耕还林工程对样本农户以土地为基础收入的影响（见表4－15）。村级实施退耕还林工程对样本农户参加退耕还林工程具有显著影响，故拒绝为弱工具变量的假设。Hausman检验结果显示χ^2为5.62（P值为1.00），OLS和2SLS估计结果无显著差异，表明样本农户参加退耕还林工程不存在内生性。

表4－15　　样本农户参加退耕还林工程的内生性检验

估计方法	OLS	2SLS	
变量	以土地为基础的收入	农户参与退耕还林工程	以土地为基础的收入
农户参与退耕还林工程（参加=1 否则=0）	0.1222*** (0.0216)		0.1683*** (0.0291)
村级实施退耕还林工程（参加=1 否则=0）		0.9802*** (0.0040)	

注：*** 为参数估计在1%的水平上显著；仅报告政策变量和工具变量的估计结果。

第5章　退耕还林工程涉农政策及其影响评价

在实证分析退耕还林工程对农户收入、消费及其不平等的影响之前，本章将根据课题组于2009年和2017年调研获得的农户主观问卷访谈数据，围绕退耕还林工程对农户林业生产、粮食生产、非农生产、收入和消费的影响以及退耕还林工程补助有效性等方面，开展退耕还林工程涉农政策及其影响评价，结合第3章构建的理论分析框架，预判退耕还林工程对农户收入、消费及其不平等的影响及其具体传导路径，进而为后续实证分析部分建立计量经济学模型提供思路和现实依据。

5.1　退耕还林工程对农户收入和消费影响的总体判断

总体来看，退耕还林工程对绝大部分样本农户收入未产生消极影响，且对部分农户具有增收效应。2009年，有57.12%的样本农户认为退耕还林工程增加了其收入，有35.95%的样本农户认为退耕还林工程对其收入的影响不明显，仅有6.93%的样本农户认为其收入受到了负面影响（见图5-1）。

2017年的情况与2009年有所差别，大致变化趋势是认为收入不受影响的样本农户明显增加，认为收入受到积极影响或负面影响的样本农户比重均有所下降，分布变化可能与农户自身生产要素配置逐渐调整以及社会经济环境变化有关。值得注意的是，样本农户预期未来退耕还林工程对其收入的影响

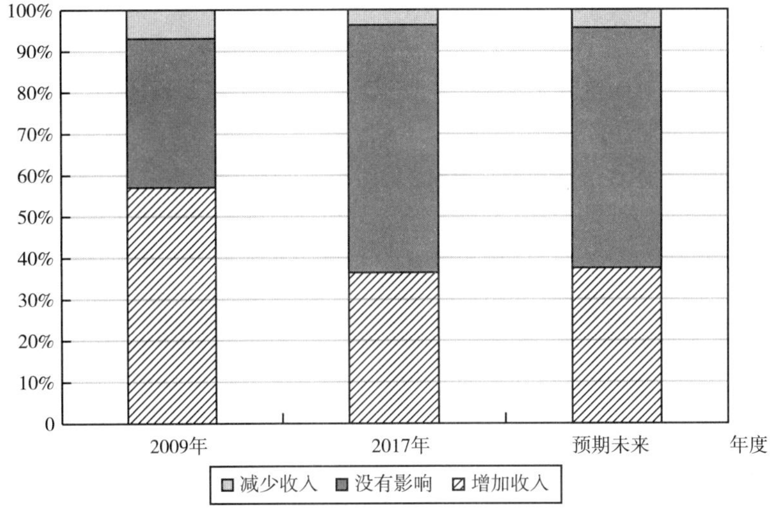

图 5－1　退耕还林工程对农户收入的影响

大致与 2017 年的情况相同，表明样本农户退耕还林工程对样本农户收入的影响已经形成了比较稳定的预期。

根据图 5－1 中 2017 年的访谈结果将农户划分 5 类，考察样本农户不同时期的消费情况（见图 5－2）。针对实施退耕还林工程前的 1998 年进行方差分

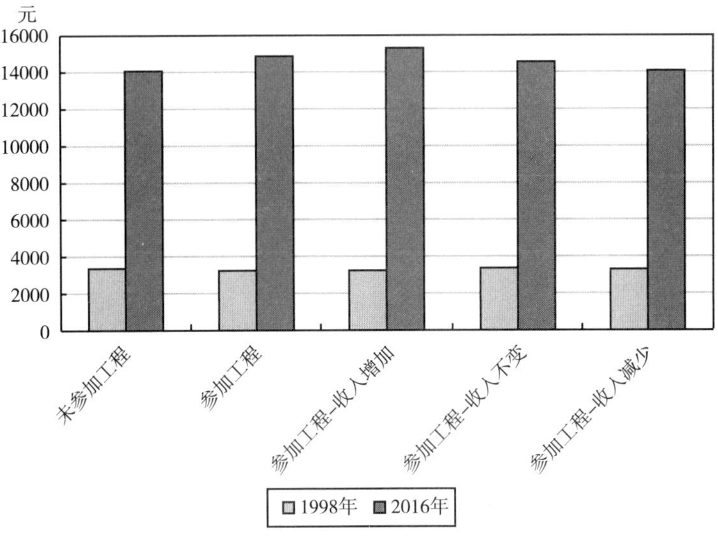

图 5－2　退耕还林工程对收入影响分类下的农户消费支出

析，未参加和参加退耕还林工程的样本农户的户均消费支出分别为3289.41元和3205.69元且差异不显著。在参加退耕还林工程的样本农户中，认为退耕还林工程增加、未改变和减少其收入的样本农户亦未在1998年体现出消费支出的显著差异。这表明所有组别样本农户的消费状况在退耕还林工程前是无差异的。到2016年，未参加和参加退耕还林工程样本农户的户均消费支出分别为14035.62元和14836.48元且在1%的水平上显著，表明退耕还林工程可能对样本农户的消费支出具有正向影响。此外，认为退耕还林工程增加、未改变和减少其收入的样本农户其2016年的户均消费支出分别为15258.51元、14535.9元和14028.61元且在1%的水平上显著，退耕还林工程对样本农户收入的影响体现在消费支出的差别上，表明可能存在退耕还林工程通过提高样本农户收入水平增加消费支出的影响传导路径。

进一步分析后发现，退耕还林工程引起样本农户收入增长的原因是多方面的。如图5－3所示，2017年，退耕还林工程增加农户收入最主要的原因为补助标准高，比重占40.27%。其次是由退耕后引起的非农收入增长和退耕地经营收益好，分别占23.66%和20.69%。此外，还有7.44%、6.71%和1.53%的样本农户认为水土流失减少、种植业集约经营提高及其他因素也是退耕还林工程引起其收入增加的主要原因。

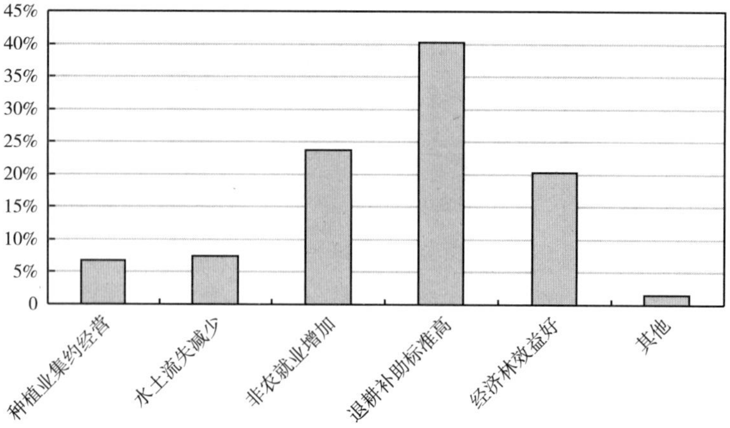

图5－3　退耕还林工程增加农户收入的原因（2017年）

5.2 退耕还林工程补助有效性评价

退耕还林工程要求农户把耕地转化为林地，并对其发放补助。黄河流域和长江流域实行两套补助标准，黄河流域每年每公顷补助 1500 公斤原粮，长江流域每年每公顷补助 2250 公斤原粮，生态林和经济林分别补助 8 年和 5 年；管护经费为每年每公顷 300 元；造生态林和经济林的分别补助 8 年和 5 年。2002 年，国务院《关于进一步完善退耕还林政策措施的若干意见》，将粮食补助按照每公斤 1.4 元折价发放现金，即黄河流域每年每公顷 2100 元，长江流域每年每公顷 3150 元。2007 年，退耕还林补助陆续到期，考虑“退耕农户长远生计问题的长效机制尚未建立”，贸然停止退耕补助不利于农户生计及巩固退耕还林成果，国务院出台《关于完善退耕还林政策的通知》，对补助到期的生态林和经济林分别再补贴 8 年和 5 年，但补助标准减半，管护经费补助标准不变。此外，根据《关于完善退耕还林政策的通知》，中央财政还设立了巩固退耕还林成果专项资金，主要用于退耕农户的基本口粮田建设、农村能源建设、生态移民以及补植补造，引导退耕农户发展后续产业。2017 年的调研结果显示：96.87% 的样本农户完全不了解退耕还林工程成果巩固相关政策和专项资金使用情况。

对比退耕前的种植业收益，由于参加退耕还林工程土地的立地条件和生产经营情况不同，农户对于退耕还林工程补助标准的评价存在差异（见图 5－4）。在第一轮补助期，对于大部分样本农户而言，退耕还林工程补助可以补偿其种植业收益的损失，分别有 32.92%、41.54% 和 25.54% 的样本农户认为退耕还林补助高于、基本等同和低于退耕前的种植业收益。但在延长补助期，样本农户对退耕还林工程补助的评价发生明显变化，认为补助标准较高的样本农户比重大幅下降到 1.61%，同时，认为补助标准基本等同于和低于退耕前种植业收益的样本农户比重分别上升至 54.28% 和 44.11%。考虑到退耕地能产生了一定的经济效益，认为退耕还林补助和退耕地收益之和基本等同和低于退耕前种植业收益的样本农户比重有所下降，特别是对于退耕造经济林的，样本分布比重与第一轮补助期的分布情况基本相同。但对于退耕造生态林的，仍有 40.21% 的样本农户认为退耕还林补助与生态林收益之和低于退耕前的种植业收益。

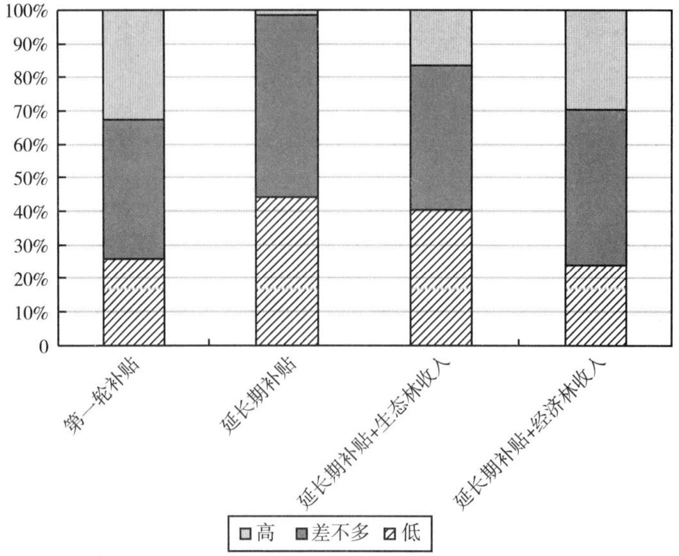

图 5-4　退耕还林工程补助与退耕地放弃的机会成本比较（2017 年）

自 2012 年起，退耕还林工程延长期补助也陆续到期。针对该情况，96.23% 的样本农户认为有必要继续延长退耕还林补助。针对退耕补助的延长年限，样本农户期望生态林再延长 12.67 年，经济林再延长 8.61 年。针对再延长的退耕补助标准，9.74% 的样本农户认为应继续执行第二轮补助期的标准；34.41% 的样本农户认为需要恢复执行第一轮补助期的标准；52.08% 的样本农户认为需要综合考虑退耕地的收入情况重新设置补助标准（见图 5-5）。

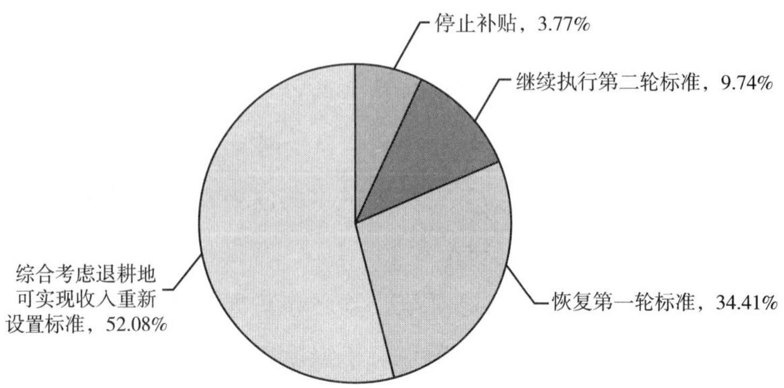

图 5-5　退耕还林工程补助到期后的政策调整期望（2017 年）

5.3 退耕还林工程对农户林业生产的影响评价

根据退耕还林工程政策规划设计，退耕地营造生态林和经济林的总体比例为 8∶2，85.91% 样本农户认为该比例是合理的。生态林主要发挥生态效益，经济林发生生态效益，同时还要兼顾经济效益。在退耕地上营造生态林和经济林后期的生产经营模式完全不同。

5.3.1 退耕地发展林下经济产业及其效益评价

对于退耕造生态林而言，除了活动退耕还林工程补助以外，农户可以利用生态林发展林下经济增加退耕地效益。但在调研中发现，仅有较少农户在退耕还林生态林林地中开展林下经济活动，2009 年的农户比重仅为 7.82% 。随着新一轮集体林权制度改革后国家对林下经济项目的扶持，开展林下经济的农户比重在 2017 年上升到 14.60% 。

对于已在退耕还林生态林中开展林下经济的样本农户而言，林下经济活动的种类涉及林下种植、采集和养殖产业。2017 年，开展林下种植的占 53.85% ；开展林下采集的占 38.46% ；开展林下养殖的占 7.69% （见图 5－6）。从林下经营的经营效果来看，有 28.57% 的样本农户认为林下经济收益情况较好，但也有 21.43% 的样本农户认为林下经济收益情况较差，同时，有 50.00% 的样本

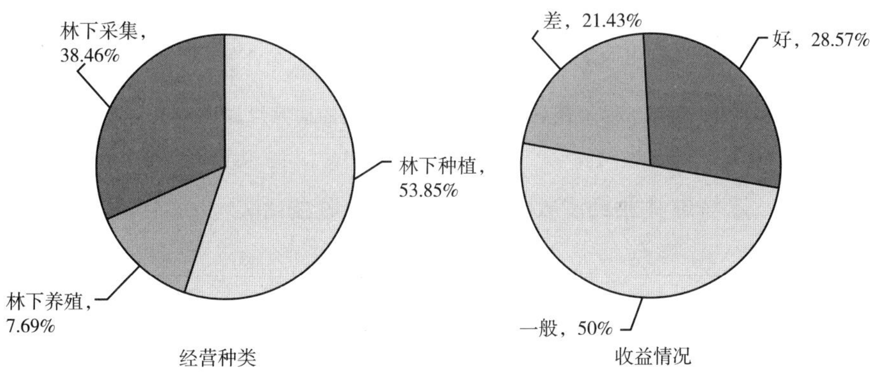

图 5－6 退耕地生态林发展林下经济情况（2017 年）

农户认为林下经济的收益情况一般。

5.3.2 退耕地发展经济林产业及其效益评价

对于退耕地造经济林的农户，可以发展经济林果产业增加收入。但 2009 年和 2017 年的调研结果均显示：虽然营造的是经济林树种，但仅有不到 30% 的样本农户能够获得经济收入。该现象长期一直未得到改善，2017 年能够从退耕还林经济林中获得林果收入的样本农户比重仅比 2009 年的高出 1 个百分点。

对于退耕造经济林而没有经济效益的情况，15.92% 的样本农户认为还未到挂果时间，认为土地立地条件差和缺乏管理的样本农户比重均超过 20%。进一步分析后发现，选着缺乏管理的农户部分是因为林果市场价格波动较大，价格低的时候农户生产积极性不高，疏于管理。部分是因为自有劳动力外出务工，本地雇工价格又大幅上升，增加了经济林的生产成本。同时，还有 18.24% 和 12.53% 的样本农户认为退耕还林选择的树种不合理或有关生产技术不到位是经济林未产生收益的主要原因（见图 5－7）。

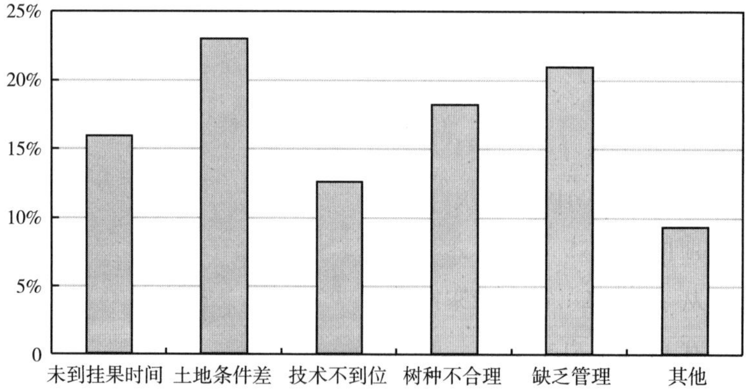

图 5－7 退耕还林经济林未产生收益的原因（2017 年）

5.3.3 退耕地林业经济收益与原有种植业收益比较

将退耕地产生的生态林或经济林收益和退耕还林工程实施前的种植业收益相比。经济林收益的情况相对较好，33.33% 的样本农户认为经济林收益低于退耕前的种植业收益，24.17% 的样本农户认为两者基本相当，42.50% 的样本农户认为经济林收益显著高于退耕前的种植业收益。在农户看来，生态林收益的相对较差，39.43% 的样本农户认为经济林收益低于退耕前的种植业收益，32.34% 的样本农户认为两者基本相当，28.23% 的样本农户认为经济林收益显著高于退耕前的种植业收益（见图 5-8）。

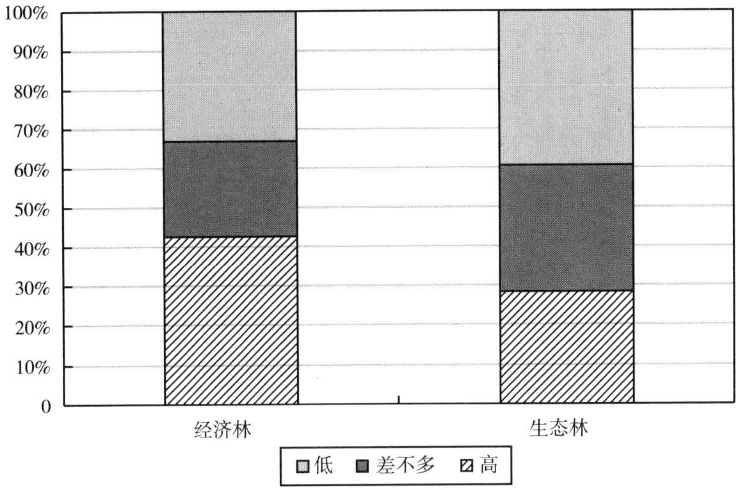

图 5-8　退耕地生产收益与种植粮食作物的比较（2017 年）

5.4　退耕还林工程对农户粮食生产的影响评价

退耕还林工程要求农户把耕地转化为林地，从理论上来讲，耕地面积下降将会导致粮食产量下降。2017 年，52.10% 的样本农户认为退耕还林工程导其粮食产量下降。同时，41.64% 的样本农户认为其粮食量产未受到显著影响，这是因为参加退耕还林工程的耕地主要是立地条件较差的坡耕地，产量低且不稳定，加之参与工程面积较小，参加退耕还林工程不会对其粮食生产具有实质性影响。6.26% 的样本农户认为，参加退耕还林工程后粮食产量有所增加，其中的原因包括：生产要素投入调整提高了种植业集约经营程度，增加了对未退耕土地的劳动力和资本投入，此外，当地水土流失减少可能降低了自然灾害对农业生产的负面影响等（见图 5-9）。

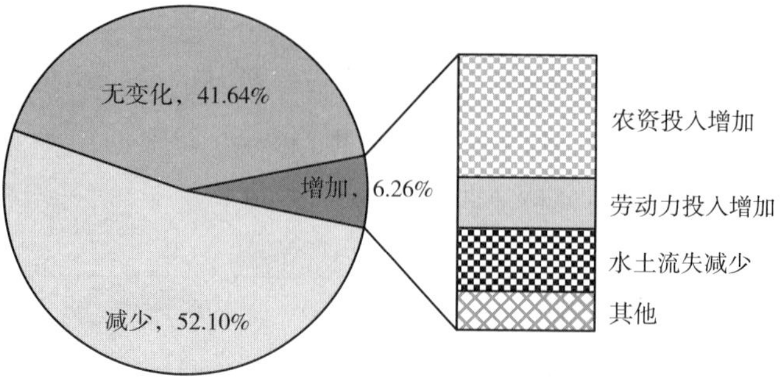

图 5－9 退耕还林工程对农户粮食产量的影响（2017 年）

鉴于样本农户的自产粮食是其粮食消费结构的重要组成部分，退耕还林工程对农户粮食产量的影响可能进一步传导至其口粮消费。2009 年，在认为粮食生产受到退耕还林工程负面影响的样本农户中，有 61.22% 认为实施退耕还林工程导致其粮食不够吃，需要靠购买粮食来满足其粮食消费需求，但这一比重在 2017 年下降至 44.63%，主要原因在于这期间的社会经济发展导致样本农户的粮食消费呈现出商品化趋势，如果未实施退耕还林工程，农户的自给性粮食消费比例亦会逐渐下降，且这种现象在一定程度上弱化了退耕还林工程对农户口粮消费产生的影响（见图 5－10）。

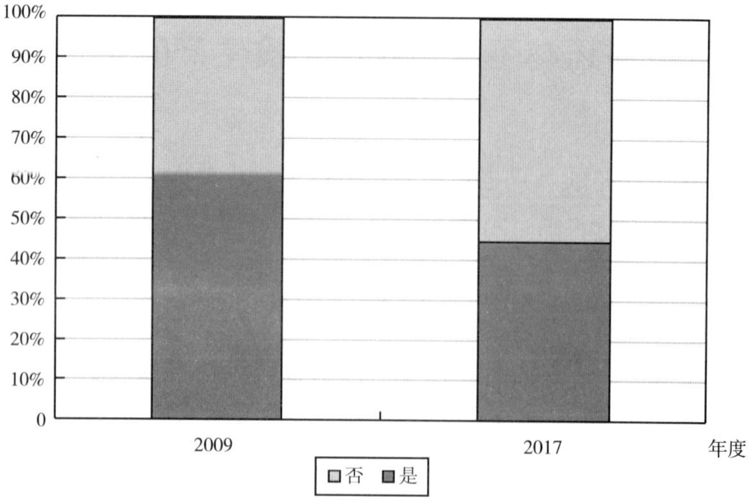

图 5－10 退耕还林工程是否导致农户口粮不足

为进一步分析退耕还林工程对粮食生产和口粮消费的影响，基于反事实分析思路：假设不存在退耕还林工程，考察已参与退耕土地的经营现状。41.22%的样本农户认为这些土地将被全部撂荒；此外，分别有13.58%和11.17%的样本农户认为将大部分或小部分土地撂荒；仅有34.03%的样本农户认为这些已退耕的土地仍将被全部耕作（见图5－11）。

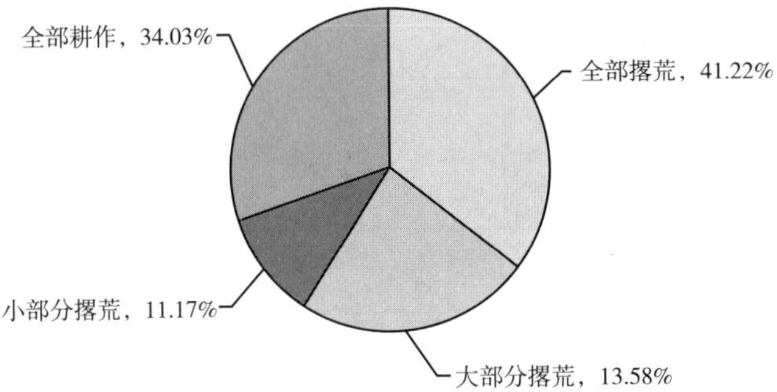

图 5－11　反事实分析中退耕地的经营现状（2017 年）

从上述数据可推断，退耕还林工程对农户粮食生产和口粮消费的影响可能逐渐减弱。由于是大部分是边际土地，即使未参与退耕还林工程，受到社会经济环境变化等方面的影响，这些土地的大部分也会被农户逐渐放弃。目前，一些农村地区出现耕地撂荒现象也从侧面印证了这一推断。

5.5　退耕还林工程对农户非农生产的影响评价

参加退耕还林工程以后，耕地面积减少，农户部分劳动力在种植业生产中劳动力过剩，故可能转移到其他行业。一般情况下，若非农行业的收益整体高于农业生产，农户的劳动力投入存在向非农行业转移的激励。图5－12显示：2009年，56.35%的样本农户认为退耕还林工程对其外出务工有促进作用，但这一比例在2017年下降至44.63%，这种变化可能与退耕还林工程政策效益的衰减有关，但也可能与农户个体特征，如劳动力老龄化，以及社会经济环境，如城乡二元结构转型处于不同阶段等因素有关。

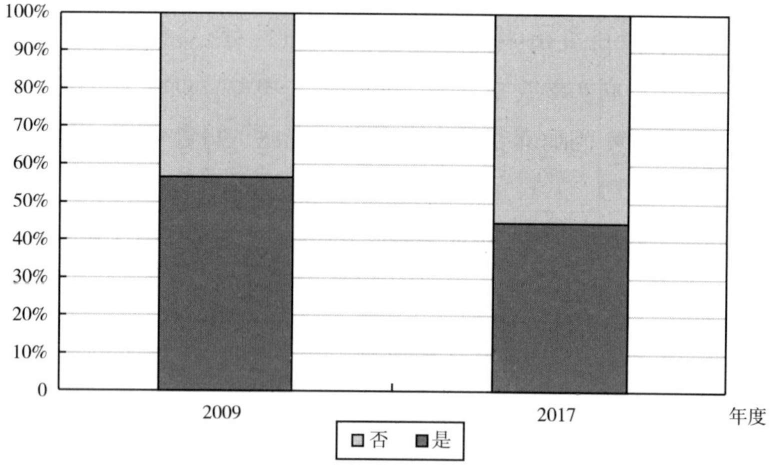

图 5-12　退耕还林工程对农户外出务工的促进作用

5.6　本章小结

退耕还林工程将恢复自然生态系统和改善农户生计作为两大核心目标。从上述对退耕还林工程有关政策的评价来看，退耕还林工程在总体上增加了样本农户的收入，并为农户提高消费水平和改善消费结构提供了基础。退耕还林工程对样本农户收入的影响是基于多路径的：一方面是退耕还林工程补助的影响，需要考虑退耕还林工程补助与退耕前种植业收益的关系；另一方面是退耕还林工程引起的土地利用结构变化，进而引起农户生产要素配置调整导致的种植业、林业和非农行业收入变化。基于农户的主观评价，在上述影响路径中，有的对农户收入具有正向影响，但也有对农户收入产生不利影响的因素。此外，本章还发现退耕还林工程影响了农户的粮食生产，并进一步影响到口粮消费。从下一章起，将陆续开展退耕还林工程对农户收入、消费及其不平等的实证分析，基于本章的一些主观评价结果，应充分考虑退耕还林工程的补助、农户生产要素配置调整等对收入的影响。此外，针对问卷中的同一问题，农户判断差异较大，农户在不同时期的判断也存在一定变化，需要考虑农户异质性、退耕地立地条件以及社会经济环境变化对退耕还林工程政策效应的影响。因此，计量经济学模型建立需要将上述因素考虑在内。

第6章　退耕还林工程对农户收入的影响分析

生态恢复和改善农户生计是退耕还林工程的两个核心目标，基于前文章节的分析，实施退耕还林工程可能改变农户的收入及其结构。加之收入是影响农户消费的主要因素，退耕还林工程对农户消费的影响以收入作为中介变量。因此，本章将实证分析退耕还林工程对农户收入的影响，需要回答的政策性问题可以表述为：已实施22年的退耕还林工程对样本农户的生产要素配置及其收入是否产生了影响，产生了什么影响，影响机理是什么？工程是否实现增加农户收入的目标。本章结构如下：第一部分是引言；第二部分为理论和方法，基于退耕还林工程对农户生产要素投入和收入的影响机理建立分理论框架和实证计量经济学模型；第三部分进行数据的描述性统计和相关检验；第四部分主要分析经验性结果；最后第五部分对本章进行小结。

6.1　引　言

对于退耕还林工程对农户收入的影响及其路径，学术界尚未形成一致性结论。退耕还林工程改变了农户的土地利用结构，劳动力和资本配置相应地进行调整（Groom et al.，2010；Yin et al.，2014；王庶和岳希明，2017）。生产要素配置调整诱致农户收入及其结构变化，促进农户生计多样化和增收（Xu et al.，2010；Liu and Lan，2015；Treacy et al.，2018）。一些研究认为退耕还林工程补助对农户收入具有重要影响（陶然等，2004），退耕还林工程补助高于退耕地潜在的种植业收入（Chen et al. , 2009；Lin and Yao, 2014；王庶和岳希明，2017），但粮食价格上涨和补助减半等导致退耕工程所产生的激励显著降低（Komarek et al. , 2014），同时，补助到期将对农户收入形成一定冲击（Yang and Xu, 2013）。一些研究发现退耕还林工程对农民收入具有负向影响（徐晋涛等，2004；谢旭轩等，2011）或影响甚微（韩洪云和史中美，2010；Wang and Maclaren, 2011）。需要特别说明的是，上述研究基本忽视了退耕还林工程启动 22 年以来中国社会经济和市场条件等重大转型，如二元经济转型以及劳动力、粮食、木材价格上涨态势；2003 年以来，政府逐步减免农村税费并对以土地为基础的产业进行补贴，在名义退耕补贴保持不变的前提下，这些政策和市场条件的调整改变了退耕地的机会成本，若不考虑这些因素的动态变化，可能导致退耕还林工程对农户生产要素配置和收入的影响估计出现偏误，这不能不说属于已有研究的重大缺陷；与此同时，已有研究大多直接分析退耕还林工程对农户收入及其结构的影响，未充分考虑农户生产要素配置这一重要影响路径，鲜有研究区分退耕还林工程对农户收入的直接影响和间接影响，这些均有可能导致产生计量经济学估计偏误。针对已有研究存在的上述不足支出，本章利用 6 省份、15 县市、216 个行政村、2707 个样本农户 1995~2016 年的长期连续跟踪大样本数据，在分析退耕还林工程对样本农户生产要素影响的基础上，采用递归方程模型估计退耕还林工程对样本农户收入的影响。本章的边际学术贡献可能在于：采用长期大样本农户数据库，充分考虑到退耕还林工程启动 22 年以来的社会经济和市场动态变化，考虑退耕还林补助和生产要素配置等影响路径，区分退耕还林工程对样本农户收入产生的直接影响和间接影响，进而更为有效地评估退耕还林工程对样本农户收入的影响。

6.2　理论和方法

本书把农户从事的生产活动划分为以土地为基础的活动和非农活动，以土地为基础的活动主要包括种植业、林业、畜牧业和渔业，非农活动主要包括短期工、长期工、自主经营和其他相对稳定的非农职业。相应地，农户的收入划分为以土地为基础的收入和非农收入，需要说明的是，农户获得的退耕还林补贴包含在以土地为基础的收入内。

6.2.1 退耕还林工程对农户收入影响的理论框架

本书将退耕还林工程对农户收入的影响分为直接和间接影响，需从影响机理上加以区分和界定（见图6－1）。退耕还林工程对农户收入的影响取决于农户参加工程的成本和收益情况。由于实施造林的成本相对较小且国家单独给予退耕造林的苗木补贴，参加退耕还林工程的成本主要为原有耕地种植业生产的潜在收益，该成本的实质是一种长期存在的机会成本（Uchida et al.，2005；Gauvin et al.，2010）。相较于欧美国家土地生态恢复项目常用投标或议价等竞价模式，退耕还林工程具有自上而下的指令性色彩（Chen et al.，2015），根据退耕地造生态林和经济林，政府规定了退耕地的补助期限（Song et al.，2015），并根据长江流域和黄河流域种植业生产的实际情况设定了两套补助标准，该模式导致农户获得的退耕还林补助与退耕地放弃的种植

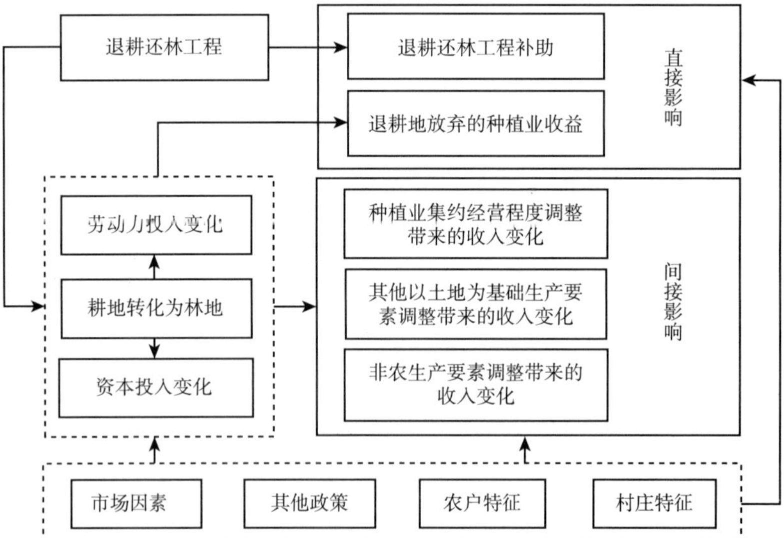

图6－1 退耕还林工程对农户生产要素投入和收入的影响机理

业收益难以完全匹配，进而导致其收入发生变化。由于退耕还林补贴的收益增加和退耕地的种植业收益的减少均是由退耕还林工程直接产生的。因此，本研究将这两者的差异界定为退耕还林工程对农户收入的直接影响，该影响关系到退耕还林工程补助的有效性，由于退耕还林工程的实施目标为水土流失严重的坡耕地，这类耕地的种植业产出通常不高且缺乏稳定，为退耕还林补助发挥增收效应提供了可能。同时，市场条件、其他相关政策以及农户、村庄的异质性可能影响退耕地上放弃的种植业收益（Komarek et al.，2014），故在分析退耕还林工程对农户收入的直接影响时需要将上述因素的动态变化考虑在分析框架内。

除了直接影响之外，退耕还林工程对农户收入的影响还可能包括其引起生产要素配置调整带来的收入变化（Liu et al.，2010；Liu and Lan，2015）。退耕还林工程要求农户把坡耕地和沙化耕地转为林地。一方面，土地利用结构发生变化为农户重新配置其劳动力和生产费用提供了动机，在其他条件保持不变的情况下，农户为追求经济效益最大化，退耕地上的种植业劳动力和生产费用投入有向外转移的激励，这些释放出来的劳动力和生产费用要么投入到剩余耕地上，进而提高种植业的集约经营程度（李蕾等，2004；余劲和折小龙，2011），要么转移到其他生产活动中（王秋菊和王立群，2009；江丽等，2011；Liu and Yao，2018；Yin et al.，2018），如发展退耕后续的经济林等其他以土地为基础的产业或从事非农活动。另一方面，在实施退耕还林的过程中，各级政府实施了发展退耕还林后续产业、生态移民和加大技术培训等政策措施，为农户优化其资源禀赋和重新配置生产要素创造了条件（Yang and Xu，2014）。在上述两方面因素的共同推动下，退耕还林工程可能改变农户的生产要素配置，进而影响农户的收入及其结构。本书将上述退耕还林工程引起生产要素配置调整而带来收入变化界定为退耕还林工程对农户收入的间接影响，该影响关系到退耕农户是否实现可持续生计来源的替代情况。需要说明的是，退耕还林工程对农户收入的影响还可能间接涉及到其他因素，如因生态环境改善带来粮食单量提高进而增加农户收入，但从样本农户对退耕还林工程所产生的影响的主观评价来看，这些间接影响几乎可以忽略不计。加之退耕还林工程产生的生态效益转化为农户的经济效益比较难以度量，故本书不单独设置影响路径加以实证估计其他间接影响。此外，农户生产要素配置的路径选择可能受到市场条件和其他相关政策的影响，也可能受到家庭特征和村庄特征的约束。

6.2.2 退耕还林工程对农户收入影响的模型设置

基于上述理论框架，首先估计退耕还林工程对样本农户土地、劳动力和资本等生产要素投入的影响，在此基础上，采用递归方程模型估计退耕还林工程对样本农户收入的影响。需要特别说明的是，建立退耕还林工程对样本农户耕地或林地经营面积影响模型的合理性在于：在实际调研中发现，农户的退耕地造林面积并不完全等同于其耕地减少或林地增加的经营面积，其原因主要有三个方面：一是样本农户的退耕地在参加退耕还林工程前已经放弃经营。二是村集体为了响应大规模和集中连片的要求，调整出一些集体土地用于参加退耕还林工程，但退耕还林的指标和补助确定和发放到农户，这两方面的原因导致了虽然样本农户参加了一定面积退耕还林工程，但其耕地经营面积并未等量减少。三是退耕还林工程除了实施退耕地造林外，一些地区还实施了不同比例的匹配荒山造林任务，这可能导致样本农户通过退耕还林工程实际增加的林地经营面积大于退耕地造林面积。综合上述三方面因素，直接将农户的退耕地造林面积作为退耕还林工程减少耕地或增加林地经营面积可能存在较大偏差，故有必要单独建立退耕还林工程对样本农户耕地和林地经营面积的影响模型。

6.2.2.1 退耕还林工程对农户生产要素投入影响的模型设置

由于长江流域和黄河流域的退耕还林工程补助标准不同，故分别估计退耕还林工程在这两个流域产生的影响。我们分别设置样本农户是否参与退耕还林工程和参与工程面积作为退耕还林工程政策变量，可以分别考察退耕还林工程对样本农户生产要素投入和收入的总体影响和边际影响。控制变量主要分为4类：一是市场因素，农产品、林产品、劳动力和资本的价格可能影响农户种植业和林业生产活动的成本和收入预期，进而影响农户的林地或耕地经营面积（Liu et al.，2017；Yin et al.，2018）；二是其他政策，种植业和林业税费和补贴政策可能对农户的生产要素投入产生抑制或促进作用；三是农户特征，家庭人口、户主的年龄、受教育的年限和是否是干部可能影响农户的生产行为选择；四是村庄特征，村庄到市场的距离是影响农户农业经营类型和方式的重要因素（Thunen，1966），村庄道路状况等因素可能影响到农户的运输和获取信息成本。鉴于此，样本农户的耕地和林地经营决策模型分别为：

$$PI_{1it}(\text{或 } PI_{2it}) = c_1 + \alpha_1 SP_{1it}(\text{或 } \alpha_2 SP_{2it}) + \sum_{j=1}^{4} \beta_j MI_{jit} + \sum_{k=1}^{4} \chi_k FC_{kit} + \sum_{l=1}^{2} \delta_l VC_{lit} + \mu_{1it} \quad (6-1)$$

式（6-1）中：PI_1 和 PI_2 分别为样本农户的耕地和林地经营面积，c_1 为截距；α、β、χ 和 δ 为待估参数；μ_1 为随机扰动项；i 为第 i 个农户，t 为第 t 个年度（$t=1, 2, \cdots, 22$），其他变量及其定义见表 6-1。

表 6-1　　样本农户主要变量的定义和描述性统计

变量类型	变量定义	变量	1995 年	1999 年	2003 年	2007 年	2011 年	2016 年
退耕还林工程	参加退耕（是 =1；否 =0）	SP_1	0.00 (0.00)	0.13 (0.34)	0.53 (0.50)	0.59 (0.49)	0.58 (0.49)	0.57 (0.50)
	长江流域参加退耕（是 =1；否 =0）	SP_{11}	0.00 (0.00)	0.13 (0.34)	0.48 (0.50)	0.52 (0.50)	0.52 (0.50)	0.51 (0.50)
	黄河流域参加退耕（是 =1；否 =0）	SP_{12}	0.00 (0.00)	0.13 (0.34)	0.62 (0.49)	0.73 (0.44)	0.71 (0.45)	0.72 (0.45)
	参加退耕面积（亩）	SP_2	0.00 (0.00)	0.68 (2.89)	4.08 (8.81)	5.05 (10.64)	4.87 (10.36)	4.64 (10.41)
	长江流域参加退耕面积（亩）	SP_{21}	0.00 (0.00)	0.48 (2.26)	2.35 (4.71)	2.58 (4.98)	2.67 (5.12)	2.61 (5.21)
	黄河流域参加退耕面积（亩）	SP_{22}	0.00 (0.00)	1.10 (3.86)	7.61 (13.12)	10.11 (16.01)	9.53 (15.75)	9.36 (16.30)
生产要素投入	耕地面积（亩）	PI_1	8.14 (9.48)	7.82 (9.19)	5.69 (6.57)	5.55 (6.27)	5.33 (5.92)	5.40 (8.33)
	林地面积（亩）	PI_2	10.06 (23.67)	10.81 (24.39)	14.55 (25.60)	18.89 (29.08)	23.09 (53.92)	26.52 (50.44)

续表

变量类型	变量定义	变量	1995 年	1999 年	2003 年	2007 年	2011 年	2016 年
生产要素投入	以土地为基础的劳动力投入（人天）	PI_3	234.99 (157.39)	236.57 (158.16)	224.43 (157.90)	208.16 (153.97)	186.74 (167.37)	177.56 (167.90)
	以土地为基础的生产费用（元）	PI_4	512.86 (454.66)	599.02 (536.28)	702.40 (709.10)	1048.26 (3215.11)	1568.89 (5243.88)	1830.37 (7637.51)
	非农劳动力投入（人天）	PI_5	88.80 (136.64)	118.93 (166.09)	178.06 (210.26)	253.09 (263.24)	255.25 (257.53)	298.53 (292.95)
收入	以土地为基础的收入（元）	LR	2907.74 (1925.25)	3088.05 (1950.35)	4052.55 (2702.11)	4931.39 (5639.72)	6183.79 (9642.52)	7415.77 (19455.45)
	非农收入（元）	OR	1310.03 (2608.92)	1829.95 (3058.09)	3032.90 (4375.91)	5825.58 (8523.84)	9799.49 (12814.74)	14939.25 (17687.02)
市场因素	农产品价格指数（1995 年 =1）	MI_1	1.00 (0.00)	1.06 (0.15)	1.35 (0.49)	1.60 (0.59)	1.94 (0.56)	2.09 (0.71)
	木材价格指数（1995 年 =1）	MI_2	1.00 (0.00)	1.29 (0.24)	1.50 (0.37)	1.86 (0.63)	1.87 (0.46)	2.27 (0.58)
	劳动力价格指数（1995 年 =1）	MI_3	1.00 (0.00)	1.10 (0.25)	1.58 (0.43)	2.99 (1.12)	4.68 (1.81)	5.58 (2.06)
	央行 1 年期存款基准利率（%）	MI_4	10.98 (0.00)	2.89 (0.00)	1.98 (0.00)	3.15 (0.00)	3.25 (0.00)	1.50 (0.00)
其他政策	种植业税费（补贴视为负项税）（元）	OP_1	47.51 (29.25)	52.90 (20.96)	34.31 (11.50)	−92.06 (37.33)	−224.37 (45.76)	−211.31 (59.98)
	林业税费（补贴视为负项税）（元）	OP_2	0.58 (17.72)	0.25 (22.07)	−20.05 (35.68)	−5.04 (4.19)	−23.97 (19.61)	−65.48 (46.57)
农户特征	家庭人口（人）	FC_1	3.55 (1.21)	3.71 (1.25)	3.85 (1.32)	4.05 (1.47)	3.76 (1.55)	3.80 (1.73)
	户主年龄（岁）	FC_2	37.61 (11.06)	41.51 (11.08)	45.35 (11.16)	50.30 (11.32)	52.76 (11.45)	56.79 (11.36)
	户主受教育年限（年）	FC_3	6.44 (2.75)	6.44 (2.74)	6.45 (2.74)	6.44 (2.74)	6.37 (2.84)	6.24 (3.29)
	户主为干部（是 =1；否 =0）	FC_4	0.10 (0.30)	0.10 (0.30)	0.10 (0.30)	0.10 (0.29)	0.06 (0.24)	0.07 (0.26)

续表

变量类型	变量定义	变量	1995 年	1999 年	2003 年	2007 年	2011 年	2016 年
村庄特征	村庄到县城的距离（千米）	VC_1	44.33 (25.92)	44.34 (25.92)	44.27 (25.86)	45.05 (28.05)	45.16 (28.11)	43.83 (27.39)
	村庄道路情况（硬化 =1；否则 =0）	VC_2	0.41 (0.49)	0.41 (0.49)	0.41 (0.49)	0.47 (0.50)	0.69 (0.46)	0.79 (0.41)

对于样本农户的劳动力投入和以土地为基础的生产费用，除了考虑土地经营面积以外，市场因素、其他政策、农户特征和村庄特征变量会影响到样本农户的劳动力投入和土地为基础的生产费用决策。因此，样本农户的劳动力投入和以土地为基础的生产费用的计量经济模型为：

$$PI_{3it}(\text{或 } PI_{4it} \text{ 或 } PI_{5it}) = c_2 + \phi_1 SP_{1it}(\text{或 } \phi_2 SP_{2it}) + \sum_{j=1}^{4} \varphi_j MI_{jit} + \sum_{k=1}^{2} \gamma_k OP_{kit} + \sum_{l=1}^{4} \eta_l FC_{lit} + \sum_{m=1}^{2} \iota_m VC_{mit} + u_{2it} \tag{6-2}$$

式（6－2）中：PI_3、PI_4 和 PI_5 分别为样本农户以土地为基础的劳动力、生产费用和非农劳动力；c_2 为截距；ϕ、φ、γ、η 和 ι 为待估参数；u_2 为随机扰动项；其他变量的定义见表 6－1。

式（6－1）和式（6－2）构成递归方程组，可以采用 OLS 逐一估计（Greene，2003），将式（6－1）代入式（6－2）得到退耕还林工程对样本农户劳动力和以土地为基础的生产费用投入的影响。

此外，为了估计退耕还林工程对样本农户种植业集约经营程度的影响，样本农户种植业集约经营决策的计量经济模型为：

$$PI_{6it}(\text{或 } PI_{7it}) = c_3 + \lambda_1 SP_{1it}(\text{或 } \lambda_2 SP_{2it}) + \sum_{j=1}^{4} \mu_j MI_{jit} + \sum_{k=1}^{2} \nu_k OP_{kit} + \sum_{l=1}^{4} o_l FC_{lit} + \sum_{m=1}^{2} \pi_m VC_{mit} + u_{3it} \tag{6-3}$$

式（6－3）中：PI_6 和 PI_7 分别为单位耕地面积的劳动力投入和生产费用；c_3 为截距；λ、μ、ν、o 和 π 为待估参数；u_3 为随机扰动项；其他变量定义见表 6－1。

6.2.2.2　退耕还林工程对农户收入影响的模型设置

（1）直接影响的估计方法。退耕还林工程对农户收入的直接影响为退耕还林补助和退耕地放弃的种植业收益之差，需要分别测算上述两部分对以土地为基础收入的影响。土地、劳动力和资本是影响样本农户以土地为基础收入的基本要素，同时，市场因素、其他政策、农户特征和村庄特征亦可能影响农户的收入。需要说明的是，为了估计退耕还林工程补助对农户以土地为基础收入产生的影响，需要在模型中设置是否参与退耕还林工程和参与面积的政策变量，为了反映不同立地条件的退耕地上退耕还林补助对以土地为基础收入的影响，在不同模型组别中设置了退耕地块坡向和坡度特征分类面积变量。因此，样本农户以土地为基础的收入模型可表示为：

$$\ln IR_{it} = c_4 + \theta_1 SP_{1it}(\text{或 } \theta_2 SP_{2it}) + \sum_{j=1}^{4} \vartheta_j PI_{jit} + \sum_{k=1}^{4} \rho_k MI_{kit} + \sum_{l=1}^{2} \sigma_l OP_{lit} + \sum_{m=1}^{4} \varsigma_m FC_{mit} + \sum_{n=1}^{2} \tau_n VC_{nit} + u_{4it} \quad (6-4)$$

式（6-4）中：LR 为样本农户以土地为基础的收入；c_4 为截距；θ、ϑ、ρ、σ、ς和 τ 为待估参数；u_4 为随机扰动项；其他变量定义见表6-1。

根据反事实分析思路，基于耕地影响路径估计式（6-1）和式（6-2），得到退耕地上减少的劳动力投入和生产费用，将估计结果代入式（6-4）可获得退耕地放弃的种植业收益。因此，退耕还林工程对样本农户以土地为基础收入的直接影响为：

$$LRD_{it} = LRDs_{it} + LRDc_{it} \quad (6-5)$$

式（6-5）中：$LRDs$ 和 $LRDc$ 分别为退耕还林工程补助增加的收益和退耕地放弃的种植业收益。

（2）间接影响的估计方法。我们将分别估计退耕还林工程对样本农户以土地为基础的收入和非农收入的间接影响，将式（6-4）中的 PI_3 和 PI_4 替换为 PI_6 和 PI_7 并联立式（6-3）进行估计可得到退耕还林工程诱致种植业集约经营程度调整带来的收入变化。基于耕地影响路径之外联立估计式（6-1）、式（6-2）和式（6-4）可获得退耕还林工程诱致其他以土地为基础生产要素调整带来的收入变化。根据前文的界定，退耕还林工程对样本农户以土地为基础的收入的间接影响为：

$$LRI_{it} = LRIc_{it} + LRIo_{it} \tag{6-6}$$

式（6－6）中，$LRIc$ 和 $LRIo$ 分别为退耕还林工程诱致种植业集约经营程度调整带来的收入变化和诱致其他以土地为基础生产要素调整带来的收入变化。

在通常情况下，非农劳动力投入和生产费用是影响样本农户非农收入的基本要素。但对于样本农户而言，仅有自主经营活动涉及非农生产费用，其他非农生产活动均是以劳动力投入为主。调研中发现：由于样本农户从事自主经营的生产费用异常复杂，数据收集难度较大且准确性较低，加之自主经营收入占非农总收入的比重较低（14.26%），调研组放弃了对样本农户非农生产费用的统计，相应地将非农净收益作为收入统计指标。鉴于缺乏非农生产费用数据，在此重点分析非农劳动力投入、市场因素、其他政策、农户特征和村庄特征变量对样本农户非农收入的影响。因此，样本农户的非农收入可表示为：

$$\ln OR_{it} = c_5 + \omega PI_{5it} + \sum_{j=1}^{4} \xi_j MI_{jit} + \sum_{k=1}^{2} \psi_k OP_{kit} + \sum_{l=1}^{4} \zeta_l FC_{lit} + \sum_{m=1}^{2} \upsilon_m VC_{mit} + u_{5it} \tag{6-7}$$

式（6－7）中：OR 为样本农户的非农收入；c_5 为截距；ω、ξ、ψ、ζ 和 υ 为待估参数；u_5 为随机扰动项；其他变量定义见表 6－1。估计式（6－1）、式（6－2）和式（6－7）可获得退耕还林工程诱致样本农户非农劳动力调整带来的收入变化，即退耕还林工程对样本农户非农收入的间接影响 ORI。

6.3　数据及其统计检验

如前文所述，本章利用的数据为涉及 6 省份、15 县市的 2707 个样本农户 1995～2016 年的非平衡面板数据，数据选点、调研和前期处理情况见第 4 章，有关数据均折合为 1995 年不变价。

本章涉及主要变量的描述性统计见表 6－1。1999 年，13.45% 的样本农户参与退耕还林工程，户均退耕面积为0.68亩。1999～2003年，随着退耕还林工程规模不断扩大，参与农户比例上升到52.80%，户均退耕面积随之上升到4.08亩。2007年，退耕地造林工作停止，参与退耕还林工程的样本农户比例达到58.77%，户均退耕面积达到5.05亩（见表6－1）。2007～2016年，参与退耕还林工程的样本农户比例和面积呈小幅波动态势。分区域来看，黄河流域样本农户参与退耕还林工程的比例同期略高于长江流域，参加退耕面积则远高于长江流域，如2007年，长江流域和黄河流域参加退耕还林工程的样本农户比例分别为51.60%和73.45%，户均退耕面积分别为2.58亩和10.11亩。1995～1999年，样本农户的耕地和林地面积基本保持稳定。退耕还林工程实施以后，样本农户的户均耕地面积逐渐减少，从1999年的7.82亩下降到2007年的5.55亩。2009～2016年，样本农户的户均耕地经营面积具有小幅波动，但基本维持在5.50亩左右。1999年以来，样本农户的户均林地经营面积呈现持续增长态势，除退耕地造林与荒山匹配造林以外，还启动了分林到户的新一轮集体林产权制度改革，增加了样本农户的林地面积。

生产要素投入方面，1995～2016年，样本农户以土地为基础的户均劳动力投入减少了24.44%，户均生产费用增长了257.72%（见表6－1）。1995～2016年，样本农户的非农劳动力投入增长了236.18%；2006年以后，非农就业成为样本农户劳动力投入中的主导行业。1995～2016年，样本农户的户均收入从4217.76元增加到22355.02元，年增长率为8.27%，同期6个案例省份农民人均纯收入的年增长率为7.97%（国家统计局，2019），从而表明本研究的样本农户数据是可靠的和有效的；同期，样本农户以土地为基础的收入增长了155.04%，非农收入占农户收入的比重比从31.06%上升到66.83%。1995～2016年，农产品、木材和劳动力价格明显上涨，劳动力价格涨幅最大，上涨了448.32%，木材价格涨幅略高于农产品价格涨幅，样本农户的资金使用成本明显下降，央行1年期存款基准利率从10.98%下降至1.50%。样本农户以土地为基础的税费负担明显减轻，1995年，样本农户的种植业和林业税费净额（总税费额扣除补贴额）分别为47.51元和0.58元，2016年，样本农户的种植业和林业税费净额下降到－211.31元和－65.48元。此外，1995～

2016 年，样本农户的家庭特征和村庄特征变量亦发生了一些变化，家庭人口规模略有增大，户均人口从 3.55 人增长到 3.80 人。户主平均年龄从 37.61 岁增加到 56.79 岁。随着户主年龄的增长，户主是干部的农户比重下降了约 3 个百分点。此外，城镇化的背景下年轻劳动力外迁或户主变更导致样本农户户主平均受教育年限下降 0.20 年。由于撤乡并村、生态移民等原因，1995 ~ 2016 年，样本村庄到县城的平均距离下降了 0.50 千米；样本村庄道路情况得到大幅改善，主要路面得到硬化的比重上升了约 38 个百分点。

（1）因果关系检验。鉴于利用最小二乘法估计逐个方程必须为完全递归模型，要求各方程因变量间仅存在单项因果关系（Greene，2003），对所有模型的因变量进行因果关系检验（Granger，1988），利用差分 GMM（滞后项为 3 期）分别估计 $y_t = a + \alpha_1 y_{t-1} + \alpha_2 y_{t-2} + \alpha_3 y_{t-3}$ 和 $y_t = b + \beta_1 y_{t-1} + \beta_2 y_{t-2} + \beta_3 y_{t-3} + \beta_4 x_{t-1} + \beta_5 x_{t-2} + \beta_6 x_{t-3}$，残差平方和分别为 RSS_0 和 RSS_1，统计量 $S = (RSS_1 - RSS_0) \times (N \cdot T - 2(T+N) \cdot P - N - T) \div (N \cdot P \cdot RSS_1)$ 服从 F 分布（N 为样本数，T 为年度数，P 为滞后期数）。检验结果显示各模型因变量在所有逆向路径中均不具有显著的格兰杰因果关系（见表 6-2）。

表 6-2 格兰杰因果关系检验结果

影响路径		统计量
以土地为基础的劳动力投入→耕地面积	$PI_3 \rightarrow PI_1$	0.5192
以土地为基础的生产费用投入→耕地面积	$PI_4 \rightarrow PI_1$	0.5413
非农劳动力投入→耕地面积	$PI_5 \rightarrow PI_1$	0.0721
以土地为基础的劳动力投入→林地面积	$PI_3 \rightarrow PI_2$	0.0801
以土地为基础的生产费用投入→林地面积	$PI_4 \rightarrow PI_2$	0.0583
非农劳动力投入→林地面积	$PI_5 \rightarrow PI_2$	0.3169
以土地为基础的收入→耕地面积	$LR \rightarrow PI_1$	0.7887
以土地为基础的收入→林地面积	$LR \rightarrow PI_2$	0.3944
以土地为基础的收入→以土地为基础的劳动力投入	$LR \rightarrow PI_3$	1.1460
以土地为基础的收入→以土地为基础的生产费用投入	$LR \rightarrow PI_4$	0.6844
非农收入→非农劳动力投入	$OR \rightarrow PI_5$	1.0836

（2）其他条件检验。样本农户参加退耕还林工程的内生性问题已在第4章中分析，在此不重复讨论。此外，Hausman检验结果显示样本农户存在时不变的个体特征（Wooldridge，1999），需要选用固定效应加以控制。为了控制其他未考虑得到政策因素对样本农户生产要素投入和收入的影响，在所有计量经济学模型中还设置了年度虚拟变量。鉴于实施退耕还林工程可能影响当地粮食和劳动力价格，进而造成式（6－1）的估计偏误，我们在县级层面估计了实施退耕还林工程对粮食和劳动力价格的影响，结果显示实施退耕还林工程对粮食价格的影响为正，但均不具有显著性。

6.4 经验性结果

6.4.1 退耕还林工程对样本农户生产要素配置影响的经验性结果

由于案例县地理和经济发展水平存在差异，模型Ⅰa～Ⅰd的R^2较小，同时也表明退耕还林工程、相关控制变量和固定效应难以很好地解释案例县内或县间的收入变化（Woodridge，1999）。各组模型控制变量的估计结果一致性较高，表明模型的稳健性较好。不论从总体影响（Ⅰa和Ⅱa）还是边际影响（Ⅰc和Ⅱc）来看，退耕还林工程显著减少了样本农户的耕地经营面积，增加了样本农户的林地经营面积，且均达到1%的显著性水平；相对黄河流域，退耕还林工程对长江流域样本农户耕地经营面积的负向影响较大且显著性较高（Ⅰb和Ⅰd），对林地经营面积的正向影响较小（Ⅱb和Ⅱd），原因可能在于：黄河流域样本农户的边际土地较多，退耕还林工程对农户种植业生产的实质影响不大，且就森林资源禀赋而言，黄河流域远不如长江流域，退耕还林工程使很多黄河流域的样本农户实现林地从无到有的变化（见表6－3）。

表6-3　退耕还林对样本农户土地经营面积影响的经验性结果

变量定义	变量	耕地面积				林地面积			
组别		Ⅰa	Ⅰb	Ⅰc	Ⅱd	Ⅱa	Ⅱb	Ⅱc	Ⅱd
参加退耕（是=1；否=0）	SP_1	-0.2506*** (0.0115)				0.5788*** (0.0150)			
长江流域参加退耕（是=1；否=0）	SP_{11}		-0.4130*** (0.0134)				0.2465*** (0.0174)		
黄河流域参加退耕（是=1；否=0）	SP_{12}		-0.0198* (0.0112)				1.0578*** (0.0198)		
参加退耕面积（亩）	SP_2			-0.0448*** (0.0019)				0.1396*** (0.0024)	
长江流域参加退耕面积（亩）	SP_{21}				-0.0870*** (0.0023)				0.0706*** (0.0030)
黄河流域参加退耕面积（亩）	SP_{22}				-0.0040* (0.0023)				0.2077*** (0.0030)
农产品价格指数（1995年=1）	MI_1	0.1187*** (0.0093)	0.1030*** (0.0093)	0.1168*** (0.0093)	0.1026*** (0.0092)				
木材价格指数（1995年=1）	MI_2					-0.0257 (0.0511)	0.2374*** (0.0510)	0.0044 (0.0502)	0.2432*** (0.0499)
劳动力价格指数（1995年=1）	MI_3	-0.0030 (0.0035)	0.0016 (0.0035)	-0.0025 (0.0035)	0.0037 (0.0035)	-0.1145*** (0.0232)	-0.0946*** (0.0229)	-0.1063*** (0.0228)	-0.0855*** (0.0225)

续表

变量定义	变量	耕地面积				林地面积			
组别		Ⅰa	Ⅰb	Ⅰc	Ⅱd	Ⅱa	Ⅱb	Ⅱc	Ⅱd
央行1年期存款基准利率（%）	MI_4	0.0588*** (0.0031)	0.0585*** (0.0031)	0.0582*** (0.0031)	0.0566*** (0.0031)	−0.0652*** (0.0035)	−0.0661*** (0.0034)	−0.0506*** (0.0034)	−0.0546*** (0.0034)
家庭人口（人）	FC_1	0.1661*** (0.0114)	0.1747*** (0.0114)	0.1619*** (0.0114)	0.1740*** (0.0113)	0.0829*** (0.0151)	0.0992*** (0.0149)	0.1002*** (0.0148)	0.1193*** (0.0146)
户主年龄（岁）	FC_2	0.0800*** (0.0298)	0.0828*** (0.0297)	0.0832*** (0.0298)	0.0874*** (0.0295)	0.0545 (0.0394)	0.0578 (0.0389)	0.0425 (0.0387)	0.0472 (0.0382)
户主受教育年限（年）	FC_3	0.0097*** (0.0029)	0.0108*** (0.0029)	0.0095*** (0.0029)	0.0109*** (0.0029)	0.0020 (0.0038)	0.0046 (0.0038)	0.0027 (0.0038)	0.0054 (0.0037)
户主为干部（是=1；否=0）	FC_4	0.0780*** (0.0174)	0.0688*** (0.0174)	0.0775*** (0.0174)	0.0644*** (0.0173)	0.0466** (0.0230)	0.0273 (0.0227)	0.0476** (0.0226)	0.0258 (0.0223)
村庄到县城的距离（千米）	VC_1	0.0260** (0.0110)	0.0256** (0.0109)	0.0245** (0.0110)	0.0231** (0.0109)	−0.0880*** (0.0145)	−0.0900*** (0.0143)	−0.0825*** (0.0143)	−0.0858*** (0.0141)
村庄道路情况（硬化=1；否则=0）	VC_2	0.0103 (0.0102)	−0.0006 (0.0102)	0.0149 (0.0102)	0.0004 (0.0102)	0.1722*** (0.0135)	0.1490*** (0.0134)	0.1542*** (0.0133)	0.1296*** (0.0131)
年度		控制	控制	控制	控制	控制	控制	控制	控制
个体效应		固定	固定	固定	固定	固定	固定	固定	固定
截距		0.2721** (0.1340)	0.2716** (0.1332)	0.0715 (0.1339)	−0.1357 (0.1333)	2.0285*** (0.1830)	1.7368*** (0.1808)	2.4835*** (0.1794)	2.8853*** (0.1772)
R^2		0.0755	0.0855	0.0772	0.0938	0.1700	0.1915	0.1984	0.2215

注：1）*** 为参数估计在1%的水平上显著；** 为在5%的水平上显著；* 为在10%的水平上显著。2）括号内为标准差。

在控制变量中，市场因素对样本农户土地经营面积产生了显著影响，农产品价格对样本农户的耕地经营面积的影响是正向的，木材价格对样本农户的林地经营面积的影响亦是正向的，劳动力价格的上升显著降低了样本农户的林业经营面积，对耕地经营面积的影响不显著。资本使用成本对样本农户耕地和林地经营决策具有显著影响，央行1年期存款利率越高，样本农户越愿意从事短周期的种植业生产，长周期的林业生产将受到抑制。此外，一些家庭特征和村庄特征变量对样本农户的耕地和林地经营面积具有显著影响。家庭人口是影响样本农户耕地和林地经营面积的重要因素；户主的年龄和受教育年限对样本农户的耕地经营面积具有正向影响，对林地经营面积的影响不显著；对于户主是干部的样本农户，其耕地和林地经营面积显著高于户主不是干部的样本农户；村庄主要道路情况对样本农户耕地经营面积的影响不显著，但更好的道路情况能够显著增加样本农户的林地经营面积；村庄到县城的距离越远，样本农户的耕地经营面积越大，但林地经营面积越小。

样本农户的耕地和林地经营面积均对其以土地为基础的劳动力和生产费用投入具有正向影响（模型Ⅲ和Ⅳ），且均在1%的水平上显著。就对劳动力和生产费用投入的影响而言，样本农户对耕地的投入均大于林地。值得注意的是，样本农户的林业面积对其非农劳动力投入具有正向影响（模型Ⅴ），且在1%的水平上显著。市场因素对样本农户劳动力和资本投入的影响比较广泛。农产品价格、木材价格对样本农户以土地为基础的劳动力投入和生产费用具有正向影响，但对非农劳动力投入具有负向影响；与此相反，劳动力价格对样本农户以土地为基础的劳动力投入和生产费用具有负向影响，但对非农劳动力投入具有正向贡献。央行一年期存款基准利率对样本农户以土地为基础劳动力投入的影响为正，对以土地为基础的生产费用和非农劳动力投入具有负向影响。此外，税费负担显著抑制了样本农户以土地为基础的生产要素投入，其中，种植业税费显著减少了样本农户以土地为基础的劳动力和生产费用投入，林业税费对样本农户以土地为基础的生产费用投入具有负向影响（见表6-4）。

表 6－4　　样本农户劳动力和生产费用投入模型的经验性结果

变量定义	变量	以土地为基础的劳动力	以土地为基础的生产费用	非农劳动力
组别		Ⅲ	Ⅳ	Ⅴ
耕地面积（亩）	PI_1	0.5822*** (0.0133)	0.8155*** (0.0157)	－0.0275 (0.0242)
林地面积（亩）	PI_2	0.2648*** (0.0100)	0.1560*** (0.0118)	0.1726*** (0.0182)
农产品价格指数（1995 年＝1）	MI_1	0.0617** (0.0300)	0.2443*** (0.0355)	－0.1359*** (0.0492)
木材价格指数（1995 年＝1）	MI_2	0.7579*** (0.0331)	0.1975*** (0.0391)	－0.6776*** (0.2097)
劳动力价格指数（1995 年＝1）	MI_3	－0.0564*** (0.0107)	－0.1585*** (0.0126)	0.3672*** (0.0955)
央行 1 年期存款基准利率（%）	MI_4	0.2633*** (0.0174)	－0.1303*** (0.0205)	－0.3052*** (0.0150)
种植业税费（补贴视为负项税）（元）	OP_1	－0.1375*** (0.0145)	－0.0466*** (0.0171)	
林业税费（补贴视为负项税）（元）	OP_2	0.0022 (0.0063)	－0.0255*** (0.0074)	
家庭人口（人）	FC_1	0.1122*** (0.0340)	0.2660*** (0.0401)	2.8766*** (0.0620)
户主年龄（岁）	FC_2	－0.1149 (0.0886)	0.2958*** (0.1047)	－0.6496*** (0.1618)
户主受教育年限（年）	FC_3	－0.0216** (0.0086)	0.0114 (0.0102)	0.0536*** (0.0157)
户主为干部（是＝1；否＝0）	FC_4	0.0449 (0.0518)	0.2601*** (0.0612)	0.0991 (0.0946)
村庄到县城的距离（千米）	VC_1	－0.1974*** (0.0327)	－0.1152*** (0.0386)	－0.1211** (0.0596)
村庄道路情况（硬化＝1；否则＝0）	VC_2	0.0793*** (0.0305)	0.0767** (0.0360)	0.3429*** (0.0557)
年度		控制	控制	控制
个体效应		固定	固定	固定
截距		1.1864*** (0.4245)	1.6337*** (0.5013)	2.8012*** (0.7572)
R^2		0.0969	0.1023	0.1044

注：1）*** 为参数估计在 1% 的水平上显著；** 为在 5% 的水平上显著。2）括号内为标准差。

与此同时，样本农户的家庭人口越多，以土地为基础的劳动力、生产费用和非农劳动力投入就越多；样本农户户主的年龄越大，非农劳动力投入就越少，但同时在以土地为基础的活动中投入更多生产费用。户主受教育程度越高的样本农户其以土地为基础的劳动力投入更少，但非农劳动力投入更多；户主是干部的样本农户仅在以土地为基础的生产费用投入上显著高于户主不是干部的样本农户的投入。此外，村庄主要道路状况越好，样本农户以土地为基础的劳动力、生产费用和非农劳动力投入就越多；村庄到县城的距离越远，样本农户以土地为基础的劳动力、生产费用和非农劳动力投入就越少。

将表 6 - 3 的估计结果代入表 6 - 4，得到退耕还林工程对样本农户劳动力投入和以土地为基础的生产费用的影响。如表 6 - 5 显示，退耕还林工程减少了样本农户的耕地经营面积，并进一步减少了耕地上的劳动力投入和生产费用，影响系数分别为 - 0. 1459 和 - 0. 2044。与此同时，退耕还林工程增加了样本农户的林地经营面积，并进一步增加了林地上的劳动力投入和生产费用，影响系数分别为 0. 1533 和 0. 0903。综合考虑林地增加和耕地减少的因素，退耕还林工程对样本农户以土地为基础的劳动力投入具有正向影响，但影响程度甚微。与劳动力投入受到的影响略有不同，退耕还林工程对样本农户以土地为基础的生产费用投入具有显著的负向影响，影响系数为 - 0. 1141。

表 6 - 5　退耕还林工程对样本农户劳动力和生产费用投入的影响

样本类型	影响路径	以土地为基础的劳动力	以土地为基础的生产费用	非农劳动力
耕地面积变化	全部样本	- 0. 1459	- 0. 2044	—
	长江流域	- 0. 2404	- 0. 3368	—
	黄河流域	- 0. 0115	- 0. 0161	—
林地面积变化	全部样本	0. 1533	0. 0903	0. 0999
	长江流域	0. 0653	0. 0385	0. 0425
	黄河流域	0. 2801	0. 1650	0. 1826
总影响	全部样本	0. 0074	- 0. 1141	0. 0999
	长江流域	- 0. 1752	- 0. 2983	0. 0425
	黄河流域	0. 2686	0. 1489	0. 1826

注：— 表示不具显著影响。

分区域来看，退耕还林工程对长江流域和黄河流域样本农户的影响有所差异，在长江流域，由耕地经营面积减少产生的负向影响大于林地经营面积增加产生的正向影响，导致退耕还林工程对以土地为基础的劳动力投入和生产费用的总体影响为负，在黄河流域的情况相反，由耕地经营面积减少产生的负向影响小于林地经营面积增加产生的正向影响，导致退耕还林工程的总体影响为正。对于非农活动，不论对于全部样本农户还是分区域的样本农户而言，退耕还林工程促进了样本农户的非农劳动力投入，影响系数为0.0999，该影响主要来自林地经营规模扩大的推动，实地调研发现，样本农户的林业生产与非农生产具有较强的互补性。分区域来看，退耕还林工程对黄河流域样本农户的影响较大，影响系数为0.1826；对长江流域样本农户的影响较小，影响系数为0.0425。

估计式（6－3）得到退耕还林工程对样本农户种植业集约经营程度的影响（见表6－6）。无论是对于所有样本还是分长江流域和黄河流域来看，退耕还林工程对样本农户单位耕地面积的劳动力投入和生产费用的总体影响和边际影响均不显著（Ⅵa～Ⅵd，Ⅶa～Ⅶd），样本农户的种植业集约经营程度未因参加退耕还林工程发生显著变化，这与5.1的结果基本一致，其原因可能在于样本农户的种植业生产模式已经相对固化，加之种植业的比较收益不高，无法对样本农户提高集约经营程度产生有效激励。

表6－6　　退耕还林工程对样本农户种植业集约经营的影响

变量定义	变量	单位耕地面积劳动力投入		单位耕地面积生产费用投入	
组别		Ⅵa	Ⅵb	Ⅶa	Ⅶb
参加退耕（是＝1；否＝0）	SP_1	0.0149 (0.0133)		0.0269 (0.0170)	
长江流域参加退耕（是＝1；否＝0）	SP_{11}		0.0210 (0.0151)		0.0174 (0.0151)
黄河流域参加退耕（是＝1；否＝0）	SP_{12}		0.0062 (0.0068)		0.0291 (0.0183)
组别		Ⅵc	Ⅵd	Ⅶc	Ⅶd
参加退耕面积（亩）	SP_2	0.0034 (0.0022)		0.0078 (0.0051)	

续表

变量定义	变量	单位耕地面积劳动力投入		单位耕地面积生产费用投入	
组别		Ⅵc	Ⅵd	Ⅶc	Ⅶd
长江流域参加退耕面积（亩）	SP_{21}		0.0046 (0.0031)		0.0138 (0.0086)
黄河流域参加退耕面积（亩）	SP_{22}		0.0030 (0.0032)		0.0028 (0.0028)

注：1）仅报告退耕还林工程政策变量的估计结果；2）括号内为标准差。

6.4.2　退耕还林工程对样本农户收入影响的经验性结果

6.4.2.1　退耕还林工程对样本农户收入的直接影响

鉴于式（6-4）中各种生产要素投入可能存在多重共线性，利用膨胀因子法进行共线性检验，检验结果表明模型的整体膨胀因子为1.63，低于临界判定存在共线性标准（Chatterjee and Hadi，2000），故不存在多重共线性。模型Ⅷa～Ⅷd的 R^2 介于0.29～0.30，表明所有自变量整体解释度较高。表6-7显示，在控制生产要素投入变量后，退耕还林工程补助对样本农户以土地为基础的收入的影响为正，样本农户参加退耕还林工程以及参加退耕面积的影响系数分别为0.1222和0.0266，且均在1%的水平上显著（Ⅷa和Ⅷc）。分区域来看，退耕还林工程补助对长江流域样本农户以土地为基础的收入的影响较大，对黄河流域样本农户以土地为基础的收入的影响较小（Ⅷb和Ⅷd）。

表6-7　样本农户以土地为基础的收入模型的经验性结果

变量定义	变量	以土地为基础的收入			
组别		Ⅷa	Ⅷb	Ⅷc	Ⅷd
参加退耕还林（是=1；否=0）	SP_1	0.1222*** (0.0216)			
长江流域参加退耕（是=1；否=0）	SP_{11}		0.2122*** (0.0250)		
黄河流域参加退耕（是=1；否=0）	SP_{12}		0.0217* (0.0121)		
参加退耕面积（亩）	SP_2			0.0266*** (0.0036)	

续表

变量定义	变量	以土地为基础的收入			
组别		Ⅷa	Ⅷb	Ⅷc	Ⅷd
长江流域参加退耕面积（亩）	SP_{21}				0.0469*** (0.0044)
黄河流域参加退耕面积（亩）	SP_{22}				0.0042 (0.0046)
耕地面积	PI_1	0.0849*** (0.0063)	0.0922*** (0.0064)	0.0794*** (0.0064)	0.0880*** (0.0065)
林地面积	PI_2	0.0801*** (0.0085)	0.0848*** (0.0085)	0.0828*** (0.0085)	0.0902*** (0.0085)
以土地为基础的劳动力投入	PI_3	0.1266*** (0.0033)	0.1296*** (0.0033)	0.1256*** (0.0033)	0.1290*** (0.0033)
以土地为基础的生产费用	PI_4	0.2207*** (0.0028)	0.2195*** (0.0028)	0.2210*** (0.0028)	0.2194*** (0.0028)
农产品价格指数（1995年=1）	MI_1	0.1238*** (0.0176)	0.1375*** (0.0177)	0.1224*** (0.0176)	0.1341*** (0.0176)
木材价格指数（1995年=1）	MI_2	0.0142 (0.0215)	0.0449** (0.0219)	0.0150 (0.0215)	0.0454** (0.0218)
劳动力价格指数（1995年=1）	MI_3	0.0353*** (0.0066)	0.0327*** (0.0066)	0.0348*** (0.0065)	0.0317*** (0.0066)
央行1年期存款基准利率（%）	MI_4	0.0014 (0.0095)	0.0084 (0.0096)	0.0035 (0.0095)	0.0105 (0.0096)
种植业税费（补贴视为负项税）（元）	OP_1	0.0003 (0.0003)	0.0003 (0.0003)	0.0003 (0.0003)	0.0002 (0.0003)
林业税费（补贴视为负项税）（元）	OP_2	-0.0001 (0.0001)	-0.0001 (0.0001)	-0.0001 (0.0001)	-0.0001 (0.0001)
家庭人口（人）	FC_1	0.1420*** (0.0209)	0.1354*** (0.0209)	0.1452*** (0.0209)	0.1368*** (0.0210)
户主年龄（岁）	FC_2	0.2941*** (0.0546)	0.2920*** (0.0546)	0.2919*** (0.0546)	0.2893*** (0.0545)
户主受教育年限（年）	FC_3	0.0153*** (0.0053)	0.0145*** (0.0053)	0.0154*** (0.0053)	0.0145*** (0.0053)
户主为干部（是=1；否=0）	FC_4	0.0239 (0.0319)	0.0279 (0.0319)	0.0241 (0.0319)	0.0291 (0.0319)
村庄到县城的距离（千米）	VC_1	0.0125 (0.0201)	0.0146 (0.0201)	0.0128 (0.0201)	0.0155 (0.0201)

续表

变量定义	变量	以土地为基础的收入			
组别		Ⅷa	Ⅷb	Ⅷc	Ⅷd
村庄道路情况（硬化 =1；否则 =0）	VC_2	-0.0452 ** (0.0188)	-0.0401 ** (0.0188)	-0.0473 ** (0.0188)	-0.0414 ** (0.0188)
年度		控制	控制	控制	控制
个体效应		固定	固定	固定	固定
截距		4.1186 *** (0.2602)	3.9874 *** (0.2608)	4.2301 *** (0.2606)	4.2095 *** (0.2625)
R^2		0.2916	0.2923	0.2919	0.2928

注：1) *** 为参数估计在 1% 的水平上显著；** 为在 5% 的水平上显著；* 为在 10% 的水平上显著。2）括号内为标准差。

基于样本农户参加退耕还林工程分坡向和坡度面积模型的估计结果见表 6-8。控制生产要素投入变化后，退耕地的立地条件越差，退耕还林补助对样本农户以土地为基础的收入的正向贡献就越大。分坡向来看，样本农户的阳坡退耕面积和阴坡退耕面积均对其以土地为基础的收入具有正向影响，其中，阴坡退耕面积影响较大，影响系数为 0.0537，阳坡退耕面积影响较小，影响系数为 0.0188。分坡度来看，25°以上、15°~25°的退耕面积的影响是正向的，影响系数分别为 0.0302 和 0.0176 且在 1% 的水平上显著；6°~15°的退耕面积的影响不显著；0°~6°的退耕面积的影响则是负向的，影响系数为 -0.0412 且在 1% 的水平上显著。分区域来看，长江流域和黄河流域受到退耕还林工程的影响与全部样本农户受到的影响基本一致，在同一坡度层次上，相较于黄河流域，长江流域样本农户的退耕面积对其以土地为基础收入的正向影响程度更大（或负向影响程度更小）。

表 6-8　不同特征退耕地块对样本农户以土地为基础的收入的影响

模型组别	所有样本	长江流域	黄河流域
	Ⅷe	Ⅷf	
参加退耕阳坡面积	0.0188 *** (0.0037)	0.0443 *** (0.0048)	-0.0088 * (0.0050)
参加退耕阴坡面积	0.0537 *** (0.0045)	0.0503 *** (0.0060)	0.0649 *** (0.0065)

续表

模型组别	所有样本	长江流域	黄河流域
	Ⅷg	Ⅷh	
参加退耕 0°～6°面积	-0.0412*** (0.0077)	-0.0023 (0.0174)	-0.0414*** (0.0085)
参加退耕 6°～15°面积	-0.0012 (0.0079)	0.0160 (0.0105)	0.0043 (0.0111)
参加退耕 15°～25°面积	0.0176*** (0.0063)	0.0455*** (0.0078)	0.0170* (0.0090)
参加退耕 25°以上面积	0.0302*** (0.0045)	0.0605*** (0.0049)	0.0302*** (0.0053)

注：1）*** 为参数估计在 1% 的水平上显著；** 为参数估计在 5% 的水平上显著；* 为参数估计在 10% 的水平上显著。2）括号内为标准差。3）仅报告退耕还林工程政策变量。

联立表 6－3、表 6－5 和表 6－7 的部分估计结果，测算得到退耕还林工程对样本农户以土地为基础的收入的直接影响（见表 6－9）。退耕地放弃的种植业收益对样本农户以土地为基础的收入产生了负向影响，但影响程度低于退耕还林工程补助对样本农户以土地为基础收入的正向影响。综合上述两方面的影响，退耕还林工程对样本农户以土地为基础的收入的直接影响是正向的，影响系数为 0.0373。分区域来看，退耕还林对长江流域样本农户的直接影响较大，影响系数为 0.0724，对黄河流域样本农户的直接影响较小，影响系数为 0.0150。

表 6－9　退耕还林工程对样本农户以土地为基础收入的直接影响

影响类型		所有样本	长江流域	黄河流域
退耕地放弃的种植业收益	*LRDc*	-0.0849	-0.1398	-0.0067
退耕还林工程补助增加的收益	*LRDs*	0.1222	0.2122	0.0217
对以土地为基础的收入的直接影响	*LRD* = *LRDc* + *LRDs*	0.0373	0.0724	0.0150

6.4.2.2　退耕还林工程对样本农户收入的间接影响

由于退耕还林工程对样本农户种植业集约经营程度的影响不显著，在此仅讨论退耕还林工程引起样本农户非农劳动力投入和其他以土地为基础的生产要素调整带来的收入变化。鉴于样本农户的非农劳动力投入可能具有内生性，在式（6－7）中选取前一年度样本农户所在村庄的外出务工比例、以土地为基础收入和消费的比例作为工具变量，弱工具变量检验显示上述所选工具变量与非农劳动力投入显著相关，拒绝弱工具变量假设。此外，Sargan-Hansen 检验的 χ^2 为 1.81（P 值为 0.18），表明 2SLS 估计不存在过度识别。Hausman 检验的 χ^2 为 269.73（P 值为 0.00），表明 OLS 和 2SLS 存在显著差异，需要采纳 2SLS 的估计结果。如表 6－10 所示，非农劳动力投入是影响样本农户非农收入的主要因素，影响系数为 0.7856 且在 1% 的水平上显著（模型Ⅸb）。

表 6－10　　样本农户非农收入模型的经验性结果

变量定义	变量	非农收入	
估计方法		OLS	2SLS
组别		Ⅸa	Ⅸb
非农劳动力投入（人天）	PI_5	0.5618*** (0.0046)	0.7856*** (0.0260)
农产品价格指数（1995 年 =1）	MI_1	0.0318 (0.0530)	0.0151 (0.0585)
木材价格指数（1995 年 =1）	MI_2	-0.6452*** (0.0650)	-0.5970*** (0.0754)
劳动力价格指数（1995 年 =1）	MI_3	-0.0165 (0.0197)	-0.0270 (0.0223)
央行 1 年期存款基准利率（%）	MI_4	-0.5558*** (0.0288)	-0.4943*** (0.0415)
种植业税费（补贴视为负项税）（元）	OP_1	-0.0052*** (0.0008)	-0.0064*** (0.0009)
林业税费（补贴视为负项税）（元）	OP_2	-0.0015*** (0.0003)	-0.0009** (0.0004)
家庭人口（人）	FC_1	-0.4090*** (0.0648)	-1.3413*** (0.1053)
户主年龄（岁）	FC_2	-0.8591*** (0.1658)	-0.5852*** (0.1890)

续表

变量定义	变量	非农收入	
户主受教育年限（年）	FC_3	-0.0149 (0.0161)	-0.0309 * (0.0181)
户主为干部（是=1；否=0）	FC_4	0.6816 *** (0.0969)	0.5869 *** (0.1075)
村庄到县城的距离（千米）	VC_1	-0.0760 (0.0611)	-0.0404 (0.0662)
村庄道路情况（硬化=1；否则=0）	VC_2	0.3791 *** (0.0570)	0.2894 *** (0.0638)
年度		控制	控制
个体效应		固定	固定
截距		11.9912 *** (0.7901)	10.5020 *** (0.9031)
R^2		0.4128	0.4191

注：1）*** 为参数估计在1%的水平上显著；* 为在10%的水平上显著。2）括号内为标准差。

联立表6-5和表6-10的估计结果得到退耕还林工程诱致非农劳动力投入调整带来的收入变化，联立表6-3、表6-5和表6-7的估计结果得到退耕还林工程引起其他以土地为基础的生产要素调整带来的收入变化（见表6-11）。退耕还林工程对样本农户以土地为基础的收入和非农收入的间接影响均是正向的，影响系数分别为0.0857和0.0785。分区域来看，退耕还林工程对长江流域样本农户的间接影响较小，对黄河流域样本农户的间接影响较大。

表6-11　　退耕还林工程对样本农户收入的间接影响

影响类型		所有样本	长江流域	黄河流域
种植业集约经营程度调整带来的收入变化	*LRIc*	—	—	—
其他以土地为基础生产要素调整带来的收入变化	*LRIo*	0.0857	0.0365	0.1566
对以土地为基础的收入的间接影响	*LRI = LRIc + LRIo*	0.0857	0.0365	0.1566
对非农收入的间接影响	*ORI*	0.0785	0.0334	0.1435

注：— 表示不具显著影响。

6.4.2.3　退耕还林工程对样本农户收入的总体影响

根据退耕还林工程对样本农户收入的直接影响和间接影响，测算得到退耕还林工程对样本农户收入的总体影响（见图 6－2）。1999～2016 年，退耕还林工程对所有样本农户户均总收入的贡献从 61.16 元增长到 1151.27 元。分区域来看，退耕还林工程对黄河流域样本农户收入的总体影响较大且增长较快，从 1999 年的 93.26 元增长到 2016 年的 2357.43 元，同期退耕还林工程对长江流域样本农户收入的总体影响从 46.48 元增长到 585.57 元。在退耕还林工程对样本农户收入的总体影响中，直接影响较小，间接影响较大。退耕还林工程对样本农户收入的直接影响从 1999 年的 14.58 元上升到 2011 年的 127.45 元，后来随着补助标准降低或到期，直接影响有所下降，2016 年的影响为 107.76 元。与此同时，退耕还林工程对样本农户收入的间接影响从 46.58 元增长到 1043.51 元，其占总体影响的比重从 76.16% 上升到 90.64%。

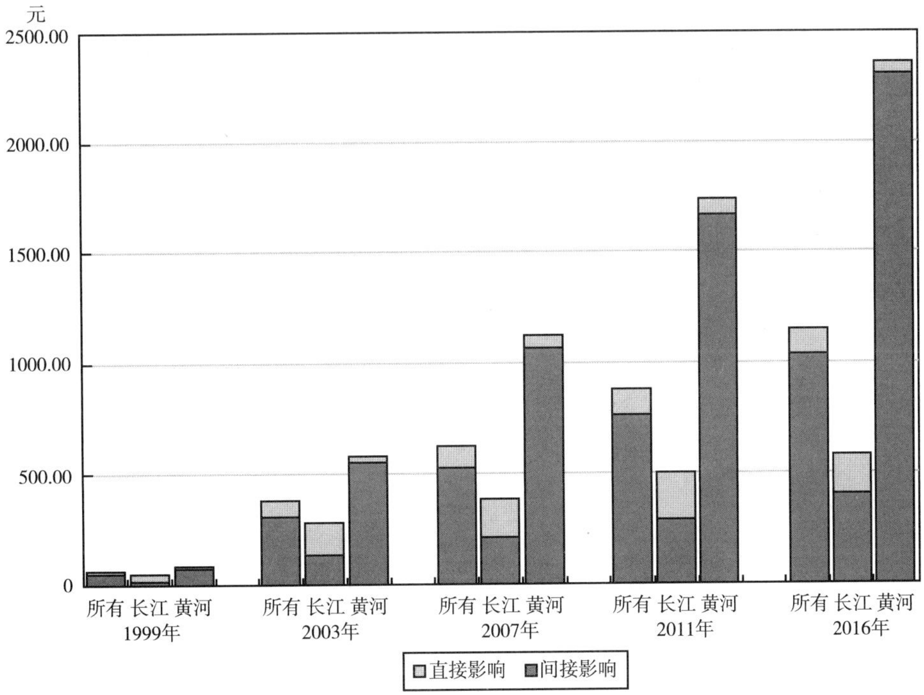

图 6－2　退耕还林工程对样本农户收入的总体影响

6.5 本章小结

本章利用6省份、15县市、2707个样本农户1995~2016年的长期大样本农户数据，充分考虑退耕还林工程在黄河流域和长江流域的补助政策差异以及市场和其他政策等外部环境的动态变化，分析和估计了我国退耕还林工程对样本农户土地利用、劳动力和资本等生产要素投入的影响，利用递归方程模型估计了退耕还林工程对样本农户收入的直接影响和间接影响。根据本章的经验性结果，可以初步形成如下结论：（1）退耕还林工程改变了农户的生产要素配置，样本农户的耕地经营面积减少25.06%，林地经营面积增加57.88%，以土地为基础的生产费用减少11.41%，非农劳动力投入增加9.99%；退耕还林工程对以土地为基础的劳动力投入和种植业集约经营程度未产生显著影响。（2）退耕还林工程的直接影响使样本农户以土地为基础收入增加3.73%，间接影响使以土地为基础的收入和非农收入的分别增加8.57%和7.85%。（3）长江流域和黄河流域的退耕还林工程对样本农户生产要素投入和收入的影响差异明显。

第7章　退耕还林工程对农户消费的影响分析

基于不同的路径，上一章分析了退耕还林工程对农户收入的影响，结论显示退耕还林工程发挥了显著的增收作用。但这些增加的收入有多少被用于消费，被用于消费的哪些方面、哪些层次，其生计状况是否真正得到改善，这些问题均值得加以关注。延续上一章所建立的退耕还林工程对农户收入影响的理论框架和实证模型，在持久收入假说和心理分账户理论的基础上，分析退耕还林工程对农户消费的影响，进而更加真实地刻画退耕还林工程对农户生计的影响。本章结构如下：第一部分是引言，第二部分为理论和方法，基于持久收入假说和心理账户建立分理论框架和实证计量经济学模型；第三部分进行数据的描述性统计和相关统计检验；第四部分主要分析经验性结果；最后第五部分对本章进行小结。

7.1　引　言

投资、消费和出口是中国经济发展的三驾马车。长期以来，消费一直是推动经济增长的短板，我国居民消费占 GDP 比重不断下降，由 1990 年的 49.97% 下降至 2016 年的 39.46%（国家统计局，2019）。党的十九大报告指出“增强消费对经济发展的基础性作用”。在当前经济面临下行压力、国际市场面临诸多不确定性的背景下，消费对经济的稳增长至关重要（商务部，2019）。长期以来，中国城乡二元结构下的农村和城市居民消费水平及其结构存在较大差异（范剑平和向书坚，1999；温涛等，2013）。1978～2017 年，中国农村居民消费支出年均增长 7.09%，高于城镇居民的 6.62%，但农村居民消费量不足城镇居民的 1/2（国家统计局，2019）。中共中央、国务院《关于完善促进消费体制机制，进一步激发居民消费潜力的若干意见》（2018）指出要"进一步激发居民消费潜力，逐步缩小城乡居民消费差距"，《乡村振兴战略规划（2018 ~2022 年）》提出"优化农村消费结构，提升农村消费层次"，农村消费是中国政府施政关注的重要方面，同时也成为学术界探讨的热点问题。

凯恩斯学派认为，需要通过增加财政投资提高全社会的有效需求，尤其非生产行业的财政投资，实施大型财政投资工程可以间接提高人们的收入进而转化为消费增长。公共财政对人们的消费影响受到广泛关注（Hubbard et al.，1995；Gruber，1997；Brooks and Barnett，2010），在很大程度上，政府财政投资促进了居民收入、消费及其结构演化（Brooks and Barnett，2010）。就中国农村居民的消费问题，一些学者基于社会保障（李锐，2009；甘犁等，2010；姜百臣等，2010；白重恩等，2012；韩立岩和杜春越，2012）、税收改革（汪伟等，2013）、农业保险（邵全权等，2017）等政策视角开展了有益的探讨。

已有文献表明，与退耕还林工程相似的美国土地休耕项目（CRP）改变了农场主的消费行为（Martin and Michael，1988；Hines and Sommer，1991；Sullivan and Bride，2004；Chang et al.，2008）。由于开展农户消费研究需要高质量和长期数据，研究退耕还林工程对农户消费及其结构的影响的文献较少。利用 2070 个样本农户 14 年的面板数据，刘浩和刘璨（2015）分析了退耕还林工程对农户消费支出的影响；李桦等（2006）、朱长宁和王树进（2015）直接比较了退耕户参加退耕前后消费水平的变化；基于扩展线性支出系统，张红霞等（2009）、张晓蕾和姚顺波（2008）、王剑波（2013）分析了退耕还林工程对农户消费结构的影响，已有研究取得了一些进展，据我们所知依然存在改进空间。一是直接将退耕还林工程与农户的消费支出或结构相关联，缺乏消费函数理论作为支撑；二是尚未在消费假说中考虑"心理分账户"效应（Thaler，2008）；三是缺乏针对退耕还林工程的特点开展深层次的消费研究，如未考虑农户消费来源和消费层次的变化。为弥补已有研究的这些不足，本章拟利用长期跟踪调研获得的 6 省份、15 县、952 个样本农户 22

年（1995～2016 年）的平衡面板数据，采用递归方程分析退耕还林工程对农户总消费、食品消费、其他消费的影响。本章可能的边际学术贡献在于，将农户消费行为的影响研究整体纳入到持久收入假说框架中，基于心理分账户理论改进现有的持久收入假说模型和扩展的线性支出系统模型，分析退耕还林工程对农户不同来源和不同层次消费的影响。

7.2　理论和方法

本章的基本思路为：基于持久收入假说与心理分账户等消费理论，构建农户的消费影响模型，通过联立方程计量经济学模型估计退耕还林工程对农户消费支出及其结构的影响。

7.2.1　退耕还林工程对农户消费影响的理论框架

20 世纪初以来，收入和消费的关系受到经济学界的广泛探讨。绝对收入假说认为当期收入决定人们的消费（Keynes，1936）；相对收入假说认为人们的消费中存在"棘轮效应"和"示范效应"（Duesenberry，1949）；生命周期假说考虑收入跨期动态变化，强调储蓄心理预期和生命周期对消费的影响（Modigliani and Brunburg，1954）；持久收入假说是对生命周期假说的补充，认为相对收入假说是持久收入假说的特例（Friedman，1957）。基于上一章的结果，退耕补助替代了不稳定的种植业收入，加之生产要素配置发生变化导致农户收入及其结构发生变化，实施退耕还林工程可能使农户形成新的收入预期。绝对收入假说、相对收入假说难以解释退耕还林工程实施期间农户消费行为的变化，故应需选用更加注重收入预期和不确定性的持久收入假说研究退耕还林工程对农户消费行为的影响（Deaton，1992）。在持久收入假说框架下，农户的消费支出为：

$$C_{it} = c_1 + \lambda_1 PR_{it} + \lambda_2 TR_{it} + u_1 \qquad (7-1)$$

式（7－1）中，C 为农户的消费支出，PR 和 TR 分别表示持久收入和暂时收入。农户持久收入和暂时收入的测算方法详见 3.3.2。需要说明的是式（7－1）未考虑收入来源对其消费的影响。如 3.1.2.2 所述，从事兼业生产的农户可能将明显不同来源的收入置于不同心理账户中，不同账户收入替代性不高，分别决定相对独立的消费行为，即存在心理账户效应（Cagan，1965；Shefrin and Thaler，1988；Thaler，2008）。与第 6 章保持一致，这里将农户的生产活动划分为以土地为基础的生产和非农生产，两种活动生产模式显著的差异可能使农户分别形成独立的消费决策方式。因此，在考虑心理账户效应对消费行为影响的基础上，农户的消费支出可以为：

$$C_{it} = c_2 + \lambda_1 LPR_{it} + \lambda_2 LTR_{it} + \lambda_3 OPR_{it} + \lambda_4 OTR_{it} + u_2 \qquad (7-2)$$

式（7－2）中，LPR_t 和 OPR_t 分别为农户以土地为基础的和非农持久收入，LTR_t 和 OTR_t 分别为农户以土地为基础的和非农暂时收入。

7.2.2 退耕还林工程对农户消费影响的模型设置

收入是决定消费的主要因素，需要估计退耕还林工程对农户收入的影响，在此基础上分析退耕还林工程对农户消费的影响。本章拟构建如下形式的递归方程组：一是退耕还林工程对农户收生产要素投入的影响；二是生产要素投入变动对农户分项持久收入和暂时收入的影响；三是分项持久收入和暂时收入对农户消费的影响；为此，需要分别建立农户的生产要素投入、分项持久收入、暂时收入和消费支出的计量经济学模型。

在第 6 章的分析框架下，本章同样将退耕还林工程对农户收入的影响分为直接影响和间接影响。退耕还林补助和退耕地机会成本的差异为直接影响。基于黄河流域和长江流域的总体情况，政府制定统一的退耕还林补助标准，可能导致补助和农户所放弃的机会成本不匹配（Liu et al.，2010；Liu et al.，2014）。此外，退耕还林工程改变参与农户的土地利用状况，在其他条件不变的情况下，为实现利润最大化，农户重新配置生产要素投入即为间接影响。

退耕还林工程对样本农户分项收入的直接影响和间接影响的估计方法与第 6 章相同。利用式（6－1）和式（6－2），可得到退耕还林工程对样本农户生产要素投入的影响，故本章仅额外建立分项持久收入和暂时收入的影响模型。在以土地为基础的持久收入和暂时收入模型中，除了考虑土地、劳动力和生产费用等要素投入以外，还需要考虑退耕还林工程对样本农户收入的直接影响。鉴于退耕还林工程在长江和黄河流域补助政策、实施强度和模式的差异，需分别针对长江流域和黄河流域设置农户参与工程的虚拟变量。在非农持久收入和暂时收入模型中，需要考虑劳动力投入对非农收入的影响，不设置非农生产费用作为自变量的理由已在 6.2.2.2 说明。此外，影响样本农户分项持久收入和暂时收入的因素还可能包括市场因素、其他政策因素、家庭特征和村庄特征等控制变量。因此，样本农户以土地为基础的持久收入和暂时收入模型为：

$$\ln LPR_{it}(\text{或 } LTR_{it}) = c_3 + \theta_1 SP_{1it} + \sum_{j=1}^{4} \vartheta_j PI_{jit} + \sum_{k=1}^{4} \rho_k MI_{kit} + \sum_{l=1}^{2} \sigma_l OP_{lit} + \sum_{m=1}^{4} \varsigma_m FC_{mit} + \sum_{n=1}^{2} \tau_n VC_{nit} + u_{3it} \qquad (7-3)$$

农户的非农持久收入和暂时收入模型为：

$$\ln OPR_{it}(\text{或 } OTR_{it}) = c_4 + \omega PI_{5it} + \sum_{j=1}^{4} \xi_j MI_{jit} + \sum_{k=1}^{2} \psi_k OP_{kit} + \sum_{l=1}^{4} \zeta_l FC_{lit} + \sum_{m=1}^{2} \upsilon_m VC_{mit} + u_{4it} \qquad (7-4)$$

式（7-3）和式（7-4）中，c_3 和 c_4 为截距；θ、ϑ、ρ、σ、ς、τ、ω、ξ、ψ、ζ 和 υ 为待估参数；u_3 和 u_4 为随机扰动项；其他变量的定义见表 7-1。

表 7-1　样本农户主要变量的定义和描述性统计

类型	变量	定义	1995 年	1999 年	2003 年	2007 年	2011 年	2016 年
退耕还林工程	SP_1	参加退耕（是=1；否=0）	0.00 (0.00)	0.08 (0.27)	0.48 (0.50)	0.53 (0.50)	0.53 (0.50)	0.53 (0.50)
	SP_{11}	长江流域参加退耕（是=1；否=0）	0.00 (0.00)	0.06 (0.24)	0.44 (0.50)	0.48 (0.50)	0.48 (0.50)	0.48 (0.50)
	SP_{12}	黄河流域参加退耕（是=1；否=0）	0.00 (0.00)	0.13 (0.33)	0.58 (0.50)	0.64 (0.48)	0.64 (0.48)	0.64 (0.48)
生产要素投入	PI_1	耕地面积（亩）	7.66 (9.41)	7.48 (8.93)	5.59 (6.22)	5.19 (5.68)	5.19 (5.15)	5.42 (7.84)
	PI_2	林地面积（亩）	10.30 (29.83)	10.95 (29.93)	14.23 (31.25)	18.17 (29.03)	21.73 (57.76)	25.95 (61.75)
	PI_3	以土地为基础的劳动力投入（人天）	250.88 (158.13)	256.92 (160.09)	245.38 (161.66)	221.95 (160.07)	197.68 (171.99)	205.45 (185.33)

续表

类型	变量	定义	1995 年	1999 年	2003 年	2007 年	2011 年	2016 年
生产要素投入	PI_4	以土地为基础的生产费用（元）	575.83 (515.72)	679.36 (611.86)	808.27 (779.65)	1474.45 (3641.41)	1797.76 (6212.44)	2101.59 (10049.47)
	PI_5	非农劳动力投入（人天）	99.04 (149.88)	133.24 (183.01)	192.80 (229.28)	255.66 (260.89)	247.08 (256.41)	291.07 (287.85)
收入	LR	以土地为基础的收入（元）	3104.97 (1990.91)	3259.60 (2028.34)	4301.03 (2849.02)	5648.20 (7450.18)	6790.92 (11730.85)	8243.72 (23870.21)
	OR	非农收入（元）	1477.13 (2936.41)	2032.78 (3221.77)	3300.05 (5059.36)	5675.10 (7260.56)	8696.18 (9767.86)	14871.10 (17219.55)
消费	C_1	总消费（元）	3203.39 (1890.82)	3732.08 (2324.34)	4795.16 (3129.12)	7791.18 (5598.36)	11065.41 (8054.75)	14420.31 (10823.83)
	C_2	非食品消费（元）	1365.87 (1180.54)	1779.76 (1810.27)	2532.68 (2508.19)	5027.09 (5213.25)	7158.44 (7115.86)	9770.02 (8913.47)
	C_3	食品消费（元）	1837.52 (1112.01)	1952.32 (1104.98)	2262.48 (1286.48)	2764.09 (1587.13)	3906.97 (2571.97)	4650.28 (3500.93)
	C_4	自给性粮食消费（元）	807.74 (601.97)	809.24 (578.35)	893.98 (655.54)	687.34 (583.77)	625.93 (864.97)	545.41 (766.87)
	C_5	购买性粮食消费（元）	252.52 (441.98)	269.80 (482.57)	306.94 (518.67)	326.09 (440.38)	487.08 (494.70)	540.60 (567.59)
	C_6	自给性副食消费（元）	488.92 (472.64)	539.00 (491.73)	650.55 (580.13)	982.99 (1175.98)	1547.48 (1939.21)	1670.86 (2003.18)
	C_7	购买性副食消费（元）	288.34 (368.49)	334.29 (402.08)	411.01 (482.66)	767.67 (778.89)	1246.47 (1294.93)	1893.41 (2427.64)
市场和政策因素	MI_1	农产品价格指数（1995 年 =1）	1.00 (0.00)	1.06 (0.15)	1.42 (0.57)	1.73 (0.67)	1.96 (0.57)	2.21 (0.75)
	MI_2	林产品价格指数（1995 年 =1）	1.00 (0.00)	1.28 (0.24)	1.50 (0.35)	1.84 (0.60)	1.87 (0.50)	2.23 (0.60)
	MI_3	劳动力价格指数（1995 年 =1）	1.00 (0.00)	1.07 (0.23)	1.55 (0.41)	2.97 (1.08)	4.61 (1.82)	5.55 (2.02)
	MI_4	银行 1 年期存款基准利率（%）	10.98 (0.00)	2.89 (0.00)	1.98 (0.00)	3.15 (0.00)	3.25 (0.00)	1.50 (0.00)
	MI_5	种植业税费（补贴视为负项税）（元）	55.32 (37.71)	56.15 (22.86)	37.74 (17.54)	-89.03 (30.00)	-219.89 (39.87)	-194.96 (66.26)
	MI_6	林业税费（补贴视为负项税）（元）	-4.51 (22.34)	-8.70 (28.82)	-26.70 (33.37)	-23.42 (6.19)	-22.31 (24.96)	-72.10 (85.30)

续表

类型	变量	定义	1995 年	1999 年	2003 年	2007 年	2011 年	2016 年
家庭特征	FC_1	家庭人口（人）	3.65 (1.21)	3.83 (1.24)	3.99 (1.31)	4.23 (1.49)	3.82 (1.57)	3.88 (1.76)
	FC_2	户主年龄（岁）	38.05 (10.67)	42.05 (10.67)	46.05 (10.67)	50.91 (11.00)	53.77 (11.27)	57.83 (11.30)
	FC_3	户主受教育年限（年）	6.40 (2.73)	6.40 (2.73)	6.40 (2.73)	6.40 (2.73)	6.39 (2.91)	6.23 (3.31)
	FC_4	户主是否为干部（是=1；否则=0）	0.10 (0.31)	0.10 (0.31)	0.10 (0.31)	0.13 (0.33)	0.07 (0.25)	0.06 (0.24)
村庄特征	VC_1	村庄到县城的距离（千米）	41.03 (25.52)	41.03 (25.52)	41.03 (25.52)	42.25 (27.64)	42.52 (27.24)	40.88 (25.85)
	VC_2	村庄道路情况（硬化=1；否则=0）	0.40 (0.49)	0.40 (0.49)	0.40 (0.49)	0.46 (0.50)	0.69 (0.46)	0.81 (0.39)

除了收入因素，家庭特征是影响储蓄率和形成预防性动机的重要因素，家庭人口、户主年龄、受教育程度等变量可能影响其消费偏好（Deaton，1992；Attanasio and Browning，1995；Kraay，2000）。村庄到县城的距离、道路情况等决定了农户进行消费的便利程度，由于可能存在邻里效应（Sampson et al.，2002），同村农户的整体消费水平也需要在模型中加以控制。需要说明的是，在收入影响路径以外，退耕还林工程可能通过其他路径影响农户的消费行为，因此，在控制收入变化后，农户的消费模型中仍需设置退耕还林工程变量。在此框架下的式（7－2）扩展为：

$$C_{it} = c_5 + \lambda_1 LPR_{it} + \lambda_2 LTR_{it} + \lambda_3 OPR_{it} + \lambda_4 OTR_{it} + \gamma SP_{1it} + \sum_{l=1}^{4} \eta_l FC_{lit} + \sum_{m=1}^{2} \kappa_m VC_{mit} + u_5 \qquad (7-5)$$

式（7－5）中：c_5 为截距；λ、γ、η 和 κ 为待估参数，u 为随机扰动项，i 表示第 i 个农户，t 表示第 t 年度，其他变量定义见表 7－1。C_t 分别表示农户的总消费、食品消费、其他消费、自给性和购买性的食品消费。

需要特别说明的是，利用基于持久收入假说和心理账户理论的扩展线性支出系统模型（有关理论和测算方法见 3.3.3），本章将样本农户的食品消费和其他消费进一步划分为基本性需求消费和非基本性需求消费。式（7－3）～式（7－5）构成了递归方程组，在单项因果关系的前提下，可以采用普通最小二乘法逐一进行估计（Green，2003）。

7.3 数　　据

鉴于以持久收入假说为基础建立消费模型要求面板数据须为严格平衡，因此，本章剔除了非全时期覆盖以及少量关键信息不完整的样本农户，最终使用涉及6省份、15县市的952个样本农户1995～2016年的平衡面板数据。与前文一致，本章利用农村居民消费价格指数和农业生产资料价格指数把有关生产费用和收入数据折合成1994年不变价（国家统计局，2018）。

7.3.1 主要变量的描述性统计

样本农户主要变量的描述性统计见表7－1。1999年，我国政府启动退耕还林工程试点，2007年，停止第一轮退耕地造林，该时期参加工程的样本农户比例为52.74%，其中，长江流域的比例为47.75%；黄河流域的比例为63.74%。2007年后，无新的样本农户参加退耕还林工程。实施退耕还林工程导致样本农户土地利用结构发生明显变化，1999年以前，样本农户的耕地和林地经营面积变化不大，1999～2007年，样本农户耕地经营面积下降了30.62%，林地经营面积增长了39.74%，2007～2016年，样本农户的耕地经营面积小幅波动，林地经营面积得到进一步增长。1995～2016年，样本农户以土地为基础的生产费用增长了265.65%，以土地为基础的劳动力投入减少了18.11%，非农劳动力投入大幅增长了193.89%，2006年以来，非农行业成为样本农户劳动力投入的主导产业。

1995～2016年，样本农户生计状况得到改善，户均以土地为基础的收入增长了165.50%，非农收入增长了906.76%。同期户均总消费增长了350.19%，且主要受到非食品消费的拉动，非食品消费增长了615.30%，食品消费增长了153.07%，恩格尔系数从0.40下降为0.20。1995～2016年，进一步分析表明，在食品消费中，样本农户的粮食总消费支出基本维持不变，但供给结构发生了明显变化。其中，样本农户的户均自给性粮食消费支出从1995 年的 807.74 元减少到 2016 年的 545.41 元，减少了 32.48%；这些减少的粮食消费量由其购买粮食予以补充，样本农户户均购买性粮食消费支出同期从 252.52 元增加到 540.60 元，增长了 114.08%。同时，样本农户的副食总消费支出从 1995 年的 777.25 元增长到 2016 年的 3564.27 元，增幅达358.57%，其中自给性副食消费和购买性副食消费分别增长了 241.75% 和556.67%。在研究期内，样本农户面临的市场和政策环境均发生了比较明显的变化，农产品、木材和劳动力雇工价格均明显增长，农产品价格和木材价格上涨了约 1.2 倍，当地劳动力价格大幅上涨了约 4.5 倍，样本农户的资金使用成本大幅降低，央行 1 年期存款基准利率从 10.98% 下降到 1.50%。1995 ~2016 年，种植业和林业生产从征税逐渐过渡到补贴，户均缴纳的种植业税费从55.32 元下降到 -194.96 元，户均获得的林业补贴从 4.51 元增长到 72.10 元。此外，我们所关注的农户家庭和村庄特征等控制变量均发生了一些变化（见表 7-1）。其中，家庭人口规模有所增加，户均人口从 3.65 人增长到 3.88 人。受部分样本农户户主调整的影响，户主年龄从 38.05 岁增长到 57.83 岁，户主受教育年限从 6.40 年下降到 6.23 年，户主是干部的样本农户比例下降了约 4 个百分点。受村庄迁移影响，样本农户所在村庄到县城的平均距离从 41.03 千米下降到 40.88 千米，拥有硬化路面的样本村庄比重上升了约 40 个百分点。

7.3.2　相关统计检验

在进行计量经济模型估计之前，尚需要开展一些统计性检验，以便更好选择估计技术和模型结构。基于 4.3.1 相同的方差分析检验本章使用的平衡面板数据库和原始数据库中差异（见附表 1），检验结果显示两个数据库主要变量之间无显著差异，表明剔除样本农户的过程是随机而非人为的，不会对估计结果造成样本选择偏误。此外，根据前文章节 6.3 的方法对农户生产要素投入、分项持久收入和消费变量之间进行因果关系检验。检验结果表明式（7-3）~式（7-5）的逆向影响路径不存在格兰杰因果关系（见表 7-2）。

表 7－2　　格兰杰因果关系检验结果

式（7－3）～式（7－5）的逆向影响路径		统计量 S
以土地为基础的持久收入→耕地面积	$LPR \rightarrow IP_1$	0.3432
以土地为基础的持久收入→林地面积	$LPR \rightarrow IP_2$	0.0492
以土地为基础的持久收入→以土地为基础的劳动力投入	$LPR \rightarrow IP_3$	0.7728
以土地为基础的持久收入→以土地为基础的生产费用投入	$LPR \rightarrow IP_4$	1.2199
非农持久收入→非农劳动力投入	$OPR \rightarrow IP_5$	1.2007
总消费→以土地为基础的持久收入	$C_1 \rightarrow LPR$	0.6791
总消费→非农持久收入	$C_1 \rightarrow OPR$	0.2405

7.4　经验性结果

7.4.1　持久收入的测算结果

基于样本农户的当期以土地为基础的收入、非农收入和总消费支出，根据第 3 章对持久收入的定义，尝试将加权系数ς的赋值从 0.1 逐渐增加到 0.9，并测算在每种ς取值下的 PLR_t、TLR_t、POR_t 和 TOR_t，将其与样本农户的消费支出进行拟合，拟优度 R^2 的分布情况见图 7－1。当ς被赋值为 0.47 时，样本农户持久收入和暂时收入对消费总支出的影响见表 7－3，此时，R^2

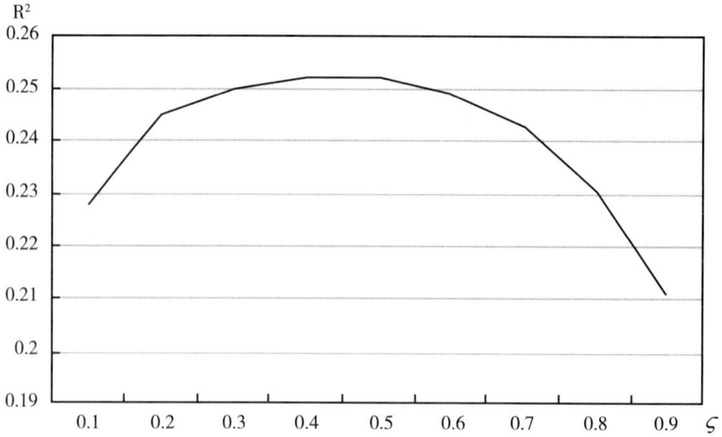

图 7－1　不同ς赋值下的 $\mathbf{R}^2$ 分布情况

达到最大值 0.253，根据ς计算的持久收入和暂时收入将作为后文分析的基础。不考虑分类持久收入和暂时收入模型拟优度 R^2 的最大值为 0.237，分项收入下的持久收入模型的拟合度较高，表明农户的消费行为受到了心理账户的影响。

样本农户的分项持久收入和暂时收入见图 7－2。其中，持久收入占即期收入的绝大部分，并消除了即期收入的部分波动，变化态势更加平缓；暂时收入相对较小，但波动较大。从收入来源来看，以土地为基础的持久收入占即期收入的比重较高，非农持久收入占即期收入的比重相对较低，表明样本农户非农暂时收入所占比重相对较高，同时伴随更大的波动。1995～2016 年，样本农户以土地为基础的持久收入和非农持久收入分别增长了 152.68% 和 804.63%，此外，由于非农持久收入的增速快于以土地为基础的持久收入，2008 年以后，非农行业成为样本农户的主导产业，样本农户的非农持久收入占总持久收入的比重超过 50% 并逐年上升，非农暂时收入呈现出的波动变化也在不断增大。

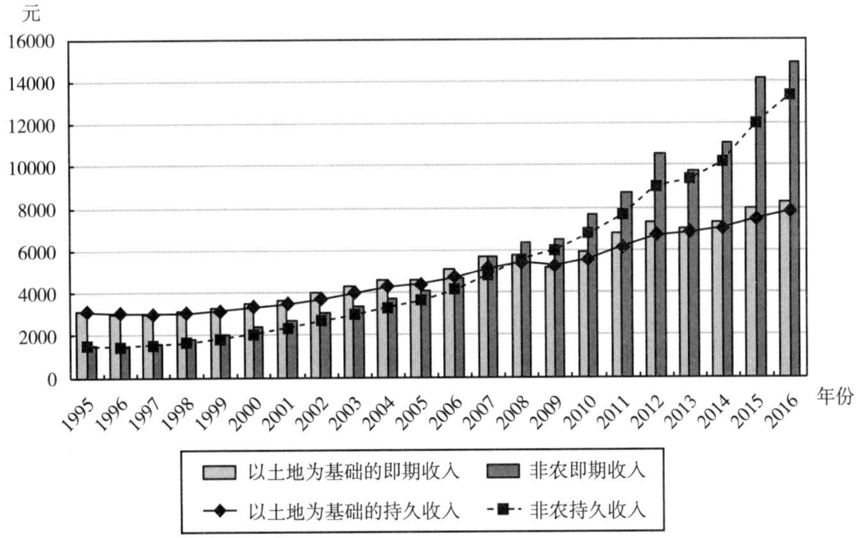

图 7－2　样本农户持久收入和即期收入的比较

7.4.2　退耕还林工程对样本农户分项持久收入和暂时收入的影响

估计式（7－3）和式（7－4），并联立退耕还林工程对样本农户生产要素配置的估计结果（利用本章平衡面板数据重新估计式（6－1）和式（6－

2)，见附表2～附表4)，得到退耕还林工程对样本农户分项持久收入和暂时收入的影响（见表7－3)。退耕还林工程对样本农户以土地为基础的持久收入的影响是正向的，其影响系数为0.0466，主要来源于退耕还林工程引起样本农户生产要素配置调整产生的间接影响；对以土地为基础的暂时收入的影响是负向的，其影响系数为－0.1411，主要来源于退耕还林工程产生的直接影响。对于样本农户的非农生产活动而言，由于实施退耕还林工程增加了样本农户的非农劳动力投入，进而增加了样本农户非农持久收入和暂时收入，其影响系数分别为0.0205和0.0298。分区域来看，退耕还林工程对长江流域和黄河流域的样本农户分项持久收入和暂时收入的影响具有明显差异，主要体现在：退耕还林工程对样本农户以土地为基础暂时收入的负向影响主要体现在长江流域，退耕还林工程对黄河流域样本农户分项持久收入和暂时收入的影响均是正向的，且影响程度大于长江流域。

表7－3　退耕还林工程对样本农户持久收入和暂时收入的影响

生产活动类型	影响路径	持久收入			暂时收入		
		全部样本	长江流域	黄河流域	全部样本	长江流域	黄河流域
以土地为基础的生产活动	退耕地种植收益损失（A）	－0.0533	－0.0509	－0.0346	－0.2665	－0.3239	－0.1758
	退耕还林补助（B）	0.0610	0.0574	0.0674	—	—	—
	直接影响（A＋B）	0.0077	0.0065	0.0328	－0.2665	－0.3239	－0.1758
	间接影响（C）	0.0389	0.0014	0.0781	0.1255	0.0492	0.2515
	合计（A＋B＋C）	0.0466	0.0079	0.1110	－0.1411	－0.2747	0.0757
非农活动	间接影响（D）	0.0205	0.0080	0.0411	0.0298	0.0117	0.0598

注：— 表示联立结果不具有显著性。

对比6.4.2的结果发现，退耕还林工程对样本农户分项持久收入和暂时收入的影响与其对即期收入的影响具有一些差别。一是在影响程度上，退耕还林工程对分项持久收入的影响小于其对即期收入的影响，符合持久收入假说的预期，样本农户收入预期受到的影响必然小于即期收入受到的影响。二是退耕还林工程对样本农户以土地为基础的即期收入的影响是正向的，虽然退耕还林工程对样本农户以土地为基础的持久收入的影响是正向的，但对暂时收入的影响是负向的，且该影响主要源于退耕还林工程的直接影响。根据关于直接影响的界定，可以理解为退耕还林工程补助对退耕地的种植业收入的替代显著降低了样本农户的收入波动，进而减少了以土地为基础的暂时收入，这亦与我们选用持久收入假说框架所提出的先期判断所一致（见表7－3）。

7.4.3 退耕还林工程对样本农户消费支出的影响

基于总消费和不同的消费类型估计式（7－5）的结果见表7－4。在影响的显著性上，是否采用稳健标准误的固定效应模型估计结果基本一致，替换不同区域退耕还林工程政策变量后，其他控制变量的影响系数和显著性基本无变化，表明模型结构具有较高的稳健性。样本农户分项持久收入和暂时收入对总消费具有显著的正向影响。如持久收入假说所预期，样本农户分项持久收入对消费支出的影响较大，分项暂时收入对消费支出的影响较小。不同来源收入的边际消费倾向具有差异，符合心理账户理论的假定。对于持久收入，以土地为基础的持久收入的影响系数较大，非农持久收入的影响系数较小，但对于暂时收入，非农暂时收入的影响系数较大，以土地为基础的暂时收入的影响系数较小。在控制相关收入变量后，退耕还林工程对样本农户总消费的影响不显著，表明退耕还林工程仅在收入路径下影响样本农户的消费支出。

分消费类型来看，样本农户分项持久收入和暂时收入对其食品消费和其他消费支出均有显著的正向影响（见表7－4）。其中，样本农户以土地为基础的持久收入对食品消费的影响相对较大，影响系数为0.4511，对其他消费的影响相对较小，影响系数为0.2842；非农持久收入对样本农户其他消费的影响相对较大，影响系数为0.1901，但对食品消费的影响相对较小，影响系数为0.0374且仅在10%的水平上显著，不同来源的收入对不同种类消费的影响具有显著差异，进一步证明了农户的消费行为受到心理账户的影响。与总消费受到的影响基本一致，在控制收入相关变量后，退耕还林工程对样本农户食品消费和其他消费的影响不显著。此外，样本农户的家庭人口和所在村整体消费水平对其总消费、食品消费和其他消费具有显著正向影响，户主年龄、受教育年限、村庄到县城的距离和村庄主要道路情况等家庭和村庄特征变量对样本农户的总消费、食品消费和其他消费支出的影响不显著。

表 7-4　样本农户消费支出的影响因素分析

变量		总消费			食品消费		其他消费	
		固定效应	固定效应 Robust SE		固定效应 Robust SE		固定效应 Robust SE	
		Ⅰa	Ⅰb	Ⅰc	Ⅱa	Ⅱb	Ⅲa	Ⅲb
参加退耕（是 =1；否 =0）	SP_1	-0.0055 (0.0314)	-0.0055 (0.0446)		-0.0526 (0.0627)		0.0989 (0.0866)	
长江流域参加退耕（是 =1；否 =0）	SP_{11}			-0.0638 (0.0416)		-0.0239 (0.0577)		-0.0501 (0.0983)
黄河流域参加退耕（是 =1；否 =0）	SP_{12}			0.1198 (0.0880)		-0.1145 (0.1251)		0.2193 (0.1486)
以土地为基础的持久收入（元）	LPR	0.3412*** (0.0120)	0.3412*** (0.0348)	0.3410*** (0.0348)	0.4511*** (0.0576)	0.4518*** (0.0572)	0.2842*** (0.0570)	0.2809*** (0.0567)
非农持久收入（元）	OPR	0.1147*** (0.0096)	0.1147*** (0.0152)	0.1157*** (0.0151)	0.0379* (0.0216)	0.0374* (0.0214)	0.1901*** (0.0319)	0.1927*** (0.0316)
以土地为基础的暂时收入（元）	LTR	0.0122*** (0.0012)	0.0122*** (0.0018)	0.0122*** (0.0018)	0.0237*** (0.0026)	0.0237*** (0.0026)	0.0112*** (0.0034)	0.0111*** (0.0034)
非农暂时收入（元）	OTR	0.0201*** (0.0017)	0.0201*** (0.0031)	0.0200*** (0.0031)	0.0217*** (0.0044)	0.0217*** (0.0044)	0.0486*** (0.0069)	0.0484*** (0.0069)
家庭人口（人）	FC_1	0.4198*** (0.0233)	0.4198*** (0.0509)	0.4209*** (0.0509)	0.3109*** (0.0685)	0.3103*** (0.0686)	0.5497*** (0.0908)	0.5525*** (0.0904)
户主年龄（岁）	FC_2	-0.0172 (0.0654)	-0.0172 (0.1515)	-0.0176 (0.1511)	0.0212 (0.2324)	0.0214 (0.2323)	-0.2238 (0.2482)	-0.2249 (0.2470)

续表

变量		总消费			食品消费		其他消费	
		固定效应	固定效应 Robust SE		固定效应 Robust SE		固定效应 Robust SE	
		Ⅰa	Ⅰb	Ⅰc	Ⅱa	Ⅱb	Ⅲa	Ⅲb
户主受教育年限（年）	FC_3	-0.0029 (0.0058)	-0.0029 (0.0100)	-0.0029 (0.0100)	-0.0043 (0.0142)	-0.0043 (0.0143)	-0.0112 (0.0202)	-0.0113 (0.0203)
户主是否为干部（是=1；否则=0）	FC_4	0.0678** (0.0341)	0.0678 (0.0437)	0.0646 (0.0439)	0.0215 (0.0790)	0.0231 (0.0793)	-0.0142 (0.1134)	-0.0225 (0.1139)
村庄到县城的距离（千米）	VC_1	0.0268 (0.0194)	0.0268 (0.0306)	0.0273 (0.0308)	0.0579 (0.0368)	0.0577 (0.0368)	0.0454 (0.0789)	0.0464 (0.0790)
村庄道路情况（硬化=1；否则=0）	VC_2	-0.0014 (0.0209)	-0.0014 (0.0401)	-0.0035 (0.0400)	0.0288 (0.0589)	0.0298 (0.0590)	-0.0119 (0.0721)	-0.0171 (0.0718)
村级平均消费支出（元）	VC_3	0.3030*** (0.0158)	0.3030*** (0.1134)	0.2975*** (0.1112)	0.3330** (0.1623)	0.3357** (0.1613)	0.3866** (0.1743)	0.3726** (0.1695)
年度变量		控制	控制	控制	控制	控制	控制	控制
个体效应		固定	固定	固定	固定	固定	固定	固定
截距		2.3964*** (0.3340)	2.3964* (1.2434)	2.4470** (1.2241)	0.0120 (1.8603)	-0.0130 (1.8500)	0.6999 (1.9668)	0.8294 (1.9249)
R^2		0.3447	0.3447	0.3404	0.1440	0.1440	0.1590	0.1603

注：1）*** 为参数估计在1%的显著水平上显著；** 为参数估计在5%的显著水平上显著；* 为参数估计在10%的显著水平上显著。2）括号内为标准差。

把表7-3的估计结果代入表7-4得到退耕还林工程对样本农户总消费和分类消费的影响（见表7-5）。退耕还林工程对样本农户的总消费、食品消费和非食品消费均具有正向影响，其影响系数分别为0.0172、0.0191和0.0169。从影响路径来看，退耕还林工程对样本农户各种类型消费的影响主要受到以土地为基础持久收入增长带动，受非农持久收入以及各分项暂时收入变化的影响较小。分区域来看，退耕还林工程对样本农户各种类型消费的影响主要源自黄河流域的样本农户，退耕还林工程对黄河流域样本农户总消费、食品消费和其他消费的影响系数分别为0.0447、0.0547和0.0428，退耕还林工程对长江流域样本农户各类消费的影响甚微。

表7-5 退耕还林工程对样本农户消费的影响

影响路径	总消费			食品消费			其他消费		
	全部样本	长江流域	黄河流域	全部样本	长江流域	黄河流域	全部样本	长江流域	黄河流域
以土地为基础的持久收入（I）	0.0159	0.0027	0.0378	0.0210	0.0036	0.0501	0.0132	0.0022	0.0312
以土地为基础的暂时收入（J）	-0.0017	-0.0034	0.0009	-0.0033	-0.0065	0.0018	-0.0016	-0.0030	0.0008
非农持久收入（K）	0.0024	0.0009	0.0048	0.0008	0.0003	0.0015	0.0039	0.0015	0.0079
非农暂时收入（L）	0.0006	0.0002	0.0012	0.0006	0.0003	0.0013	0.0014	0.0006	0.0029
合计（M=I+J+K+L）	0.0172	0.0004	0.0447	0.0191	-0.0023	0.0547	0.0169	0.0013	0.0428

7.4.4 退耕还林工程对样本农户消费结构的影响

7.4.4.1 退耕还林工程对样本农户不同层次消费的影响

基于持久收入假说和心理账户理论改进扩展的线性支出系统（ELES），根据式（3-27）和式（3-28）估计结果测算得到样本农户的食品消费和其他消费的基本性需求消费和非基本性需求消费（见图7-3）。从总体情况来看，样本农户的消费层次不高，各类消费支出均以基本性需求消费支出为主，其中，食品消费全时期的非基本性需求消费比重为 28.00%，其他消费全时期的非基本需求消费比重为 36.98%。

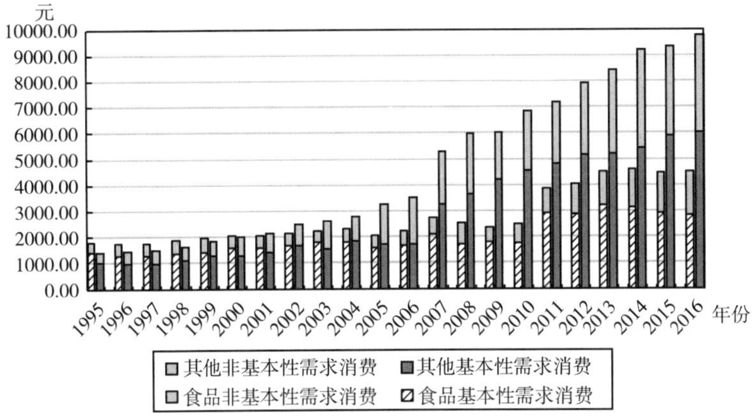

图 7－3　基于 ELES 的样本农户消费结构

1995～2016 年，样本农户的各类基本性需求消费和非基本性需求消费均呈增长态势。相比而言，样本农户的基本性需求消费增长较缓，非基本性需求消费增长较快，食品基本性需求消费和非基本性需求消费分别增长了 102.37% 和 323.59%，其他基本性需求消费和非基本性需求消费分别增长了 508.19% 和 817.58%。总体而言，样本农户的非基本性需求消费占总消费支出的比重上升了约 12 个百分点，表明在研究期内，随着消费层次的整体提高，样本农户的消费结构在研究期内得到明显改善。

在县级层面重新估计式（7－3）～式（7－5），得到退耕还林工程对样本农户基本性需求消费和非基本性需求消费的影响，相对于农户层面，县级层面的平均效应略微拉低了退耕还林工程对样本农户各类消费的影响（见表 7－6）。退耕还林工程对样本农户消费的影响一方面主要体现为拉动基本性需求消费，退耕还林工程对样本农户食品消费和其他消费的基本性需求消费的影响系数分别为 0.0137 和 0.0332，且上述影响主要源于以土地为基础持久收入的增长，非农持久收入对基本性需求消费的影响较小。另一方面，样本农户以土地为基础的持久收入对其食品消费和其他消费的非基本性需求消费的影响不显著，加之非农持久收入的边际消费倾向较低，导致退耕还林工程对样本农户非基本性需求消费的影响为正但作用程度普遍较小。此外，暂时收入变化路径下退耕还林工程对样本农户基本性需求消费和非基本需求消费的影响不显著。分区域来看，退耕还林工程在长江流域和黄河流域发挥了截然不同的效应，退耕还林工程对长江流域样本农户所有类型的基本性需求消费和非基本性需求消费的影响甚微，退耕还林工程对黄河流域样本农户食品消费和其他消费的基本性需求消费的影响较大，影响系数分别为 0.0321 和 0.0785。

表 7－6　退耕还林工程对样本农户不同层次消费的影响（县级层面）

影响路径	食品消费						其他消费					
	基本需求			非基本需求			基本需求			非基本需求		
	全部样本	长江流域	黄河流域	全部样本	长江流域	黄河流域	全部样本	长江流域	黄河流域	全部样本	长江流域	黄河流域
以土地为基础的持久收入（M）	0.0123	0.0021	0.0292	—	—	—	0.0319	0.0054	0.0759	—	—	—
以土地为基础的暂时收入（N）	—	—	—	—	—	—	—	—	—	—	—	—
非农持久收入（O）	0.0014	0.0006	0.0029	0.0010	0.0004	0.0021	0.0013	0.0005	0.0026	0.0020	0.0008	0.0041
非农暂时收入（P）	—	—	—	—	—	—	—	—	—	—	—	—
合计（Q＝M＋N＋O＋P）	0.0137	0.0027	0.0321	0.0010	0.0004	0.0021	0.0332	0.0059	0.0785	0.0020	0.0008	0.0041

注：— 表示联立结果不具有显著性。

7.4.4.2　退耕还林工程对样本农户不同来源食品消费的影响

样本农户不同供给来源的粮食消费受到的影响有所不同（见表 7－7）。一方面，以土地为基础的生产活动是自给性粮食消费的主要供给源，样本农户以土地为基础的持久收入和暂时收入对自给性粮食消费具有显著的正向影响，影响系数分别为 0.8261 和 0.0379，但对样本农户购买性粮食消费的影响不显著。另一方面，非农生产活动为购买性粮食消费的主要资金来源，样本农户非农持久收入和暂时收入对自给性粮食消费的影响为负但不显著，但显著增加了购买性粮食消费，影响系数分别为 0.1213 和 0.0242。在控制相关收入变量后，退耕还林工程显著降低了样本农户的自给性粮食消费，影响系数为 －0.3864 且在 1% 的水平上显著，该影响主要发生在黄河流域，对长江流域样本农户的影响并不显著。此外，不管对于长江流域还是黄河流域，退耕还林工程对样本农户购买性粮食消费的影响不显著。与此同时，样本农户的自给性粮食消费和购买性粮食消费表现出一定程度的替代性，自给性粮食消费增加将显著减少样本农户的购买性粮食消费，这意味着退耕还林工程对样本农户自给性粮食消费的负向影响可能间接增加其购买性粮食消费。

表 7-7　　样本农户不同来源粮食消费的影响因素分析

变量		自给性粮食消费		购买性粮食消费	
		Ⅳ		Ⅴ	
参加退耕（是 =1；否 =0）	SP_1	-0.3864*** (0.1069)		0.0113 (0.1841)	
长江流域参加退耕（是 =1；否 =0）	SP_{11}		-0.1128 (0.1174)		0.1919 (0.2192)
黄河流域参加退耕（是 =1；否 =0）	SP_{12}		-0.9745*** (0.1781)		-0.3796 (0.2324)
以土地为基础的持久收入（元）	LPR	0.8261*** (0.0642)	0.8321*** (0.0636)	0.0728 (0.0713)	0.0785 (0.0712)
以土地为基础的暂时收入（元）	LTR	0.0379*** (0.0042)	0.0381*** (0.0042)	-0.0017 (0.0043)	-0.0015 (0.0043)
非农持久收入（元）	OPR	-0.0312 (0.0403)	-0.0360 (0.0399)	0.1213** (0.0552)	0.1180** (0.0553)
非农暂时收入（元）	OTR	-0.0030 (0.0068)	-0.0024 (0.0068)	0.0242*** (0.0075)	0.0246*** (0.0075)
家庭人口（人）	FC_1	0.3267*** (0.1103)	0.3217*** (0.1088)	0.3011** (0.1335)	0.2985** (0.1334)
户主年龄（岁）	FC_2	-0.1013 (0.3038)	-0.0993 (0.3016)	-0.3605 (0.3562)	-0.3594 (0.3570)
户主受教育年限（年）	FC_3	0.0072 (0.0257)	0.0075 (0.0256)	-0.0388 (0.0296)	-0.0386 (0.0296)
户主是否为干部（是 =1；否则 =0）	FC_4	0.1315 (0.1581)	0.1466 (0.1555)	-0.1420 (0.1856)	-0.1317 (0.1856)

续表

变量		自给性粮食消费		购买性粮食消费	
		Ⅳ		Ⅴ	
自给性粮食消费（元）	C_4			-0.2654*** (0.0179)	-0.2675*** (0.0178)
村庄到县城的距离（千米）	VC_1	-0.0976 (0.0952)	-0.0996 (0.0942)	0.1720 (0.1259)	0.1705 (0.1249)
村庄道路情况（硬化=1；否则=0）	VC_2	-0.0989 (0.0958)	-0.0894 (0.0951)	-0.1846 (0.1154)	-0.1785 (0.1154)
村级平均消费支出（元）	VC_3	0.0635 (0.1130)	0.0892 (0.1157)	0.2351* (0.1241)	0.2523** (0.1268)
年度变量		控制	控制	控制	控制
个体效应		固定	固定	固定	固定
截距		-2.5799 (1.8097)	-2.8177 (1.8210)	2.3408 (1.9417)	2.1778 (1.9572)
R^2		0.2218	0.2242	0.1624	0.1634

注：1）*** 为参数估计在1%的显著水平上显著；** 为参数估计在5%的显著水平上显著；* 为参数估计在10%的显著水平上显著。2）括号内为标准差。

与粮食消费相比，退耕还林工程对样本农户不同来源副食消费的影响具有明显不同（见表7-8）。在控制分项持久收入和暂时收入后，退耕还林工程对所有样本农户自给性副食消费的影响虽然为负但不显著，表明在总体上实施退耕还林工程可能对样本农户粮食以外的种植业生产的影响不显著，但显著减少了长江流域样本农户的副食消费，影响系数为-0.2582且在10%的水平上显著。退耕还林工程对样本农户购买性副食消费的影响为正但同样也不显著。退耕还林工程对样本农户自给性和购买性副食消费的影响主要源自其引起分项持久收入和暂时收入的变化。一方面，样本农户土地为基础的持久收入和暂时收入对自给性副食消费的影响为正，影响系数分别为0.2876和0.0806，且均在1%的水平上显著。另一方面，样本农户以土地为基础的和非农持久收入和暂时收入对购买性副食消费的影响为正，以土地为基础的持久收入的边际消费倾向高于非农持久收入的边际消费倾向。需要说明的是，就副食消费而言，样本农户的自给性消费对购买性消费呈现出的替代性不高，影响系数为-0.0154且在10%的水平上显著。

表 7-8　　样本农户不同来源副食消费的影响因素分析

变量		自给性副食消费		购买性副食消费	
		Ⅵ		Ⅶ	
参加退耕（是=1；否=0）	SP_1	-0.1578 (0.1416)		0.0792 (0.0729)	
长江流域参加退耕（是=1；否=0）	SP_{11}		-0.2582* (0.1567)		0.0464 (0.0843)
黄河流域参加退耕（是=1；否=0）	SP_{12}		0.0579 (0.2491)		0.1498 (0.1115)
以土地为基础的持久收入（元）	LPR	0.2876*** (0.0667)	0.2854*** (0.0667)	0.2153*** (0.0400)	0.2147*** (0.0400)
以土地为基础的暂时收入（元）	LTR	0.0806*** (0.0050)	0.0806*** (0.0050)	0.0101*** (0.0027)	0.0101*** (0.0027)
非农持久收入（元）	OPR	-0.0447 (0.0442)	-0.0430 (0.0442)	0.1173*** (0.0266)	0.1179*** (0.0265)
非农暂时收入（元）	OTR	-0.0002 (0.0070)	-0.0003 (0.0070)	0.0325*** (0.0047)	0.0324*** (0.0047)
家庭人口（人）	FC_1	0.2230* (0.1163)	0.2249* (0.1161)	0.3188*** (0.0736)	0.3195*** (0.0736)
户主年龄（岁）	FC_2	-0.1013 (0.2988)	-0.1020 (0.2984)	-0.0661 (0.2192)	-0.0664 (0.2192)
户主受教育年限（年）	FC_3	0.0115 (0.0288)	0.0114 (0.0287)	0.0047 (0.0175)	0.0046 (0.0175)
户主是否为干部（是=1；否则=0）	FC_4	0.2293 (0.1591)	0.2237 (0.1589)	0.1442 (0.1068)	0.1424 (0.1072)
自给性副食消费（元）	C_4			-0.0154* (0.0087)	-0.0156* (0.0087)
村庄到县城的距离（千米）	VC_1	0.0994 (0.0901)	0.1002 (0.0899)	0.1425** (0.0645)	0.1427** (0.0646)
村庄道路情况（硬化=1；否则=0）	VC_2	-0.4127*** (0.1100)	-0.4161*** (0.1094)	0.0488 (0.0593)	0.0476 (0.0594)
村级平均消费支出（元）	VC_3	0.2577*** (0.0914)	0.2483*** (0.0918)	0.1993** (0.0884)	0.1962** (0.0872)

续表

变量		自给性副食消费		购买性副食消费	
		Ⅵ		Ⅶ	
年度变量		控制	控制	控制	控制
个体效应		固定	固定	固定	固定
截距		-5.1542*** (1.7105)	-5.0670*** (1.7024)	1.3147 (1.3114)	1.3426 (1.3058)
R^2		0.2367	0.2370	0.1816	0.1817

注：1）*** 为参数估计在1%的显著水平上显著；** 为参数估计在5%的显著水平上显著；* 为参数估计在10%的显著水平上显著。2）括号内为标准差。

联立表7-3、表7-7和表7-8的结果得到退耕还林工程对样本农户不同来源粮食和副食消费的影响。总体而言，退耕还林工程使样本农户的粮食消费来源结构发生了显著的变化，一方面减少了样本农户自给性粮食消费，影响系数为-0.3532，另一方面增加了样本农户的购买性粮食消费，影响系数为0.0969。从影响路径来看，由退耕还林工程引起样本农户收入变化对自给性粮食消费的影响较小，影响系数为0.0332，对购买性粮食消费的影响甚微，因实施退耕还林工程引起的粮食产量变化是样本农户自给性粮食消费下降的主要原因，影响系数为-0.3864，需要说明的是，此影响仅针对黄河流域的样本农户，退耕还林工程对黄河流域样本农户自给性粮食消费的影响系数达到-0.8793，表明该区域退耕农户的大部分自给性粮食消费由购买性粮食消费所替代（见表7-9）。

表7-9　　退耕还林工程对样本农户不同来源食品消费的影响

类型	影响路径		自给性消费			购买性消费		
			全部样本	长江流域	黄河流域	全部样本	长江流域	黄河流域
粮食消费	收入变化	以土地为基础的持久收入（R）	0.0385	0.0066	0.0923	—	—	—
		以土地为基础的暂时收入（S）	-0.0053	-0.0105	0.0029	—	—	—
		非农持久收入（T）	—	—	—	0.0025	0.0009	0.0048
		非农暂时收入（U）	—	—	—	0.0007	0.0003	0.0015
		（V=R+S+T+U）	0.0332	-0.0039	0.0952	0.0032	0.0012	0.0063
	结构替代	（W）	-0.3864	—	-0.9745	0.0937	—	0.2352
	合计	（X=V+W）	-0.3532	-0.0039	-0.8793	0.0969	0.0012	0.2415

续表

类型	影响路径		自给性消费			购买性消费		
			全部样本	长江流域	黄河流域	全部样本	长江流域	黄河流域
副食消费	收入变化	以土地为基础的持久收入（R）	0.0134	0.0023	0.0319	0.0100	0.0017	0.0239
		以土地为基础的暂时收入（S）	-0.0114	-0.0221	0.0061	-0.0014	-0.0028	0.0008
		非农持久收入（T）	—	—	—	0.0024	0.0009	0.0048
		非农暂时收入（U）	—	—	—	0.0010	0.0004	0.0019
		(V = R + S + T + U)	0.0020	-0.0199	0.0380	0.0120	0.0002	0.0314
	结构替代	(W)	—	-0.2582	—	0.0000	0.0043	-0.0006
	合计	(X = V + W)	0.0020	-0.2781	0.0380	0.0119	0.0045	0.0308

注：— 表示联立结果不具有显著性。

退耕还林工程对样本农户不同来源副食消费的影响远不及其对粮食消费的影响，主要体现为退耕还林工程对样本农户副食品生产的影响非常有限，故在总体上发挥的结构替代作用偏弱，其影响主要源于其引起的收入变化。在以土地为基础持久和暂时收入的变化作用下，退耕还林工程增加了样本农户的自给性副食消费，影响系数为 0.0020，但该影响在长江流域和黄河流域具有明显的差异，影响系数分别为 -0.2781 和 0.0380。同时，在以土地为基础的和非农持久收入和暂时收入的变化作用下，退耕还林工程亦增加了样本农户购买性副食消费，影响系数为 0.0119，在长江流域和黄河流域的影响系数分别为 0.0045 和 0.0308，但影响形成机制不同，长江流域主要是因为样本农户自给性消费减少形成的结构替代，黄河流域主要源于样本农户持久收入的增长。

7.5　本章小结

本章利用 6 省份、15 县、952 个样本农户 22 年（1995 ~ 2016 年）的长期定点跟踪平衡面板数据，基于持久收入假说和心理账户消费理论，分析退耕还林工程对样本农户持久收入和暂时收入的影响，在此基础上，基于收入路径和非收入路径评估了退耕还林工程对样本农户消费的影响。根据本章的经验性结果，可以初步形成以下结论：（1）退耕还林工程使样本农户以土地为基础的持久收入、非农持久收入和暂时收入分别增加了4.66%、2.05%和2.98%，使以土地为基础的暂时收入减少了14.11%；（2）实施退耕还林工程提高了样本农户的总消费、食品消费和其他消费分别增长了1.71%、1.91%和1.69%，以土地为基础的持久收入变化是退耕还林工程促进样本农户消费增长的主要原因；（3）退耕还林工程主要增加了样本农户满足生计必需的基本性需求消费，对更高层次的非基本性需求消费的贡献甚微，样本农户的消费结构并未因实施退耕还林工程而被显著改善；（4）退耕还林工程促进样本农户的自给性粮食消费向购买性粮食消费转化，自给性粮食消费减少了35.32%，购买性粮食消费增加了9.69%，退耕还林工程导致粮食产量减少是上述变化的主要原因，基于收入路径下，退耕还林工程对样本农户粮食来源结构的影响较小。退耕还林工程对样本农户自给性副食消费的影响甚微，但使购买性副食消费增加了1.19%，且该影响主要源于分项持久收入增长。（5）退耕还林工程对样本农户消费及其结构的影响主要源于黄河流域，长江流域样本农户受退耕还林工程的影响较小。

第 8 章　退耕还林工程对农户收入和消费不平等的影响测度与分解

作为世界上财政投资规模最大的生态恢复工程之一，中国退耕还林工程涉及过亿农民，根据第 6 章和第 7 章的经验性结果，实施退耕还林工程增加了样本农户的收入，并提高了其消费水平，并在一定程度上引起样本农户的消费结构发生变化。退耕还林工程除了产生生态效益之外，同时在总体上发挥了改善农户生计的作用。然而，在中国政府大力推进生态文明建设的背景下，退耕还林工程改善农户生计的政策效益是否被不同阶层农户共享？由财政投资主导的生态治理项目是否产生了缩小国民经济不平等的效果？亦是非常重要的发展理念问题。基于上一章的分析结果，本章从收入和消费视角，分析退耕还林工程对农户生计不平等的影响。本章的结构如下：第一部分为引言；第二部分为研究理论与方法；第三部分为结果分析与分解；最后第四部分对本章进行小结。

8.1 引　言

随着全球经济的不均衡发展，居民生计与福祉不平等被拉大，如何缩小居民收入与消费差距成为各国和地区政府施政的优先领域之一；探究收入与消费不平等成因、后果和缓解之策成为经济学界研究的热点与焦点（Atkinson，2015；Piketty and Goldhammer，2015）。改革开放以来，中国经济经历了长期的高速和中高速增长，但在经济增长过程中，特别是 20 世纪 90 年代以来，收入不平等呈扩大态势，1990～2018年，基尼系数虽有所波动，但依然从0.24激增到0.47（国家统计局，2019），尚需要采取相应政策措施实现共同富裕（李实，2002）。随着经济转入中高速增长，基于经济快速增长改善居民生计的局面难以为继，收入分配中掩盖的矛盾也容易凸显。党的十九大以来，通过扩中、调高和拉低等政策措施，力求实现缩小收入分配差距的政策目标。

财政收支是实现居民收入再分配的重要政策手段之一，缓解收入与消费不平等是公共财政的重要目标（Milanovic，2000；Nolan，2009）。公共财政支出能够促进不同阶层居民的收入流动性，进而重构收入分配格局（权衡，2004）。已有研究对财政政策与居民收入不平等之间的关系尚未形成共识，一些研究发现公共教育和社会保障等方面财政支出可以降低收入不平等（Glomm and Kaganovich，2008；Jerrim and Macmillan，2015），但也有一些研究认为公共财政支出与收入不平等程度之间不存在明显关系（Perotti，1996；Rodriguez，1998）。基于60个发展中国家的数据，有研究发现公共财政支出对收入不平等的影响严重依赖于政策目标偏好（徐俊武等，2013），目标偏差或缺乏指向性导致公共财政支出对缩小收入不平等的作用有限（沈坤荣和张璟，2007；王世杰，2010）。有研究发现财政投入是造成收入不平等拉大的因素之一（Bourguignon et al.，2008；贺大兴和姚洋，2011；谢颖等，2017）。

一些研究发现与退耕还林工程相似的美国土地休耕项目（CRP）改变了农场主的收入不平等（Chang et al.，2008；Chang and Boisvert，2009）。针对退耕还林工程对农户收入不平等的影响尚无一致结论，Li等（2011）认为退耕还林工程缩小了农户的收入不平等；刘璨（2010）、Liu等（2014）认为不平等的参与机制导致退耕还林工程拉大了农户的收入不平等。若仅从收入不平等视角研究退耕还林工程对农户生计不平等的影响可能有失偏颇（曲兆鹏和赵忠，2008），原因在于人们可以通过借贷或储蓄来平滑收入波动（Blundell and Preston，1998）。消费是对人们福利更直接和准确的测量方式（Meyer and Sullivan，2003），消费不平等能更准确地刻画家庭之间真实的福利差异（Cutler and Katz，1992；Krueger and Perri，2003；Fisher and Johnson，2013），是对收入不平等的有效补充（Attanasio et al.，2002）。

据我们所知，退耕还林工程对农户收入和消费不平等的影响研究尚存在学术改进空间。由于未进一步分解退耕还林工程对农户收入不平等的影响，已有研究难以回答农户收入不平等受到的影响源自何处，且鲜有研究探讨退耕还林工程对农户消费不平等的影响。为弥补这些不足，本章利用 8 次跟踪调研获得的 6 省份、15 县市、216 个行政村的 952 个样本农户 1995～2016 年的平衡面板数据，测度与分解退耕还林工程对农户收入和消费不平等的影响。本章可能的边际学术贡献在于首次估计了退耕还林工程对农户消费不平等的影响，在充分考虑心理账户对消费行为影响的基础上，基于持久收入假说框架分解了退耕还林工程对农户收入和消费不平等的影响。

8.2　理论与方法

8.2.1　退耕还林工程对农户收入和消费不平等影响的理论框架

根据第 6 章的经验性结果，通过发放补助和诱致生产要素配置调整，退耕还林工程对农户的收入产生影响。但退耕还林工程无法对所有农户的收入产生等同效果（Liu et al.，2014）。首先，退耕还林工程的政策初衷是恢复生态系统，治理对象为 25°以上的坡耕地和沙化耕地，农户拥有的耕地资源禀赋不同，导致其参与退耕还林工程的机会不均等。其次，对于参加退耕还林工程的农户而言，退耕地的立地条件差异导致农户参与退耕还林工程的机会成本存在差异，各收入层次农户调整生产要素配置的能力和机会也不同，导致农户对退耕还林工程的响应不同（Liang，2012）。最后，不同地区的退耕还林工程在实施方式、强度和进度上有所不同，如长江流域和黄河流域实行两套的补助标准，不同地区侧重发展的不同林种。在上述影响的共同作用下，退耕还林工程可能改变农户的收入不平等（见图 8－1）。

根据第 7 章的经验性结果，在收入路径外，退耕还林工程对农户消费的影响不显著。退耕还林工程对农户消费的影响以收入作为重要媒介，收入不平等是消费不平等的主要成因（Deaton and Paxson，1994），退耕还林工程对

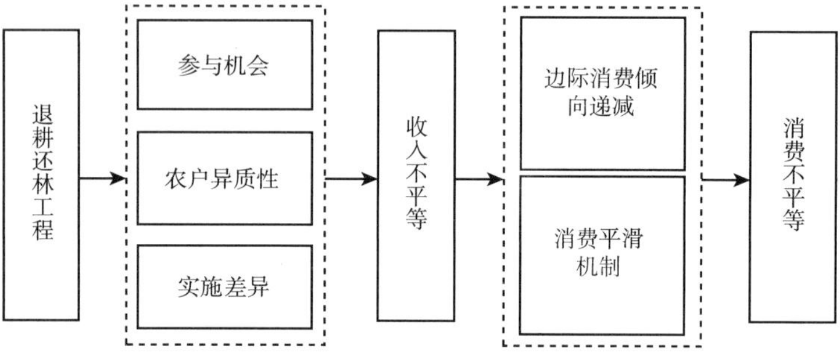

图 8-1 退耕还林工程对农户收入和消费不平等的影响机理

农户收入不平等的影响存在进一步向消费不平等传导的可能。受边际消费倾向递减规律的影响，不同收入层次农户家庭的边际消费倾向不同（Keynes，1936），农户参与退耕还林工程导致的收入变化对不同收入层次的农户家庭消费产生的影响存在异质性。此外，当收入受到外部冲击时，收入不平等与消费不平等呈现相似的变化趋势（Cutler and Katz，1992；Aguiar and Bils，2011；Attanasio and Pistaferri，2014），但消费平滑机制可能使消费不平等和收入不平等的变化趋势分离（Blundell and Preston，1998；Barrett et al.，2000；Blundell et al.，2012；Krueger and Perri，2006；Fisher et al.，2012），最终导致消费不平等受到的影响一般小于收入不平等（Barrett et al.，2000；Krueger and Perri，2006；Jappelli and Pistaferri，2010；邹红和喻开志，2013）。在持久收入假说分析框架中，消费平滑机制阻碍暂时收入变化引起的收入不平等变化传导至消费不平等，但无法阻碍持久收入引起的收入不平等变化转移到消费不平等（Primiceri and Rens，2007）。有研究已证明消费平滑机制显著存在于中国农村地区（曲兆鹏和赵忠，2008；郭新华，2014；朱梦冰，2018；甘犁等，2018）。基于边际消费倾向递减规律和消费平滑机制两方面原因，收入不平等变化无法全部传导给消费不平等，导致退耕还林工程对农户消费不平等的影响小于其对收入不平等的影响。

8.2.2 退耕还林工程对农户收入和消费不平等影响的测度分解方法

第 7 章估计了退耕还林工程对样本农户分项持久收入、暂时收入和消费的影响。根据本章的理论框架，需要以第 7 章的经验性结果为基础，测度与分解退耕还林工程对农户收入和消费不平等的影响。

已有研究大多选用基尼系数度量收入和消费不平等（Krueger and Perri，2006；Jappelli and Pistaferri，2010；Attanasio and Pistaferri，2014）。本章亦选用基尼系数作为收入和消费不平等度量指标。以收入为例，样本农户的收入基尼系数为：

$$G(R_t) = \frac{1}{2n^2\bar{R}_t}\sum_{i=1}^{N}\sum_{j=1}^{N}|R_{it} - R_{jt}| \qquad (8-1)$$

式（8－1）中，R_{it}和 R_{jt}分别为第 i 个和第 j 个样本农户第 t 年度的收入；$\bar{R}$ 为平均收入，N 为样本数。

在考虑退耕还林工程影响的情况下，样本农户的收入 R 为：

$$R_{it} = (R_{it} - \Delta R_{1it} - \Delta R_{2it} - \Delta R_{3it} - \Delta R_{4it}) + \Delta R_{1it} + \Delta R_{2it} + \Delta R_{3it} + \Delta R_{4it} \qquad (8-2)$$

根据已有研究基于水平结构下分解基尼系数的思路（Pyatt et al.，1980；万广华，2006），分别对式（8－2）两边取基尼系数并进行归一化处理，进一步分解得到：

$$1 = \frac{E(R'_{it})C(R'_{it})}{E(R_{it})G(R_t)} + \frac{E(\Delta R_{1it})C(\Delta R_{1it})}{E(R_{it})G(R_t)} + \frac{E(\Delta R_{2it})C(\Delta R_{2it})}{E(R_{it})G(R_t)} + \frac{E(\Delta R_{3it})C(\Delta R_{3it})}{E(R_{it})G(R_t)} + \frac{E(\Delta R_{4it})C(\Delta R_{4it})}{E(R_{it})G(R_t)} \qquad (8-3)$$

式（8－3）中，$R'_{it} = R_{it} - \Delta R_{1it} - \Delta R_{2it} - \Delta R_{3it} - \Delta R_{4it}$，$E$（·）为取平均值；$G$（·）为取基尼系数；$C$（·）为取集中度，其算法与基尼系数相似，但根据总收入而非分项收入的均值排列人口和分项收入变量；$\frac{E(\Delta R_{1it})C(\Delta R_{1it})}{E(R_{it})G(R_t)}$、$\frac{E(\Delta R_{2it})C(\Delta R_{2it})}{E(R_{it})G(R_t)}$、$\frac{E(\Delta R_{3it})C(\Delta R_{3it})}{E(R_{it})G(R_t)}$和$\frac{E(\Delta R_{4it})C(\Delta R_{4it})}{E(R_{it})G(R_t)}$分别为退耕还林工程诱致样本农户以土地为基础的持久收入、以土地为基础的暂时收入、非农持久收入和非农暂时收入变化对总收入基尼系数贡献，记为 W_{R1}、W_{R2}、W_{R3}和 W_{R4}。

同理，在考虑退耕还林工程影响的情境中，样本农户的消费 C：

$$C_{it} = (C_{it} - \Delta C_{1it} - \Delta C_{2it} - \Delta C_{3it} - \Delta C_{4it}) + \Delta C_{1it} + \Delta C_{2it} + \Delta C_{3it} + \Delta C_{4it} \quad (8-4)$$

式（8－4）中：ΔC_1、ΔC_2、ΔC_3 和 ΔC_4 分别为退耕还林工程基于以土地为基础的持久收入、以土地为基础的暂时收入、非农持久收入和非农暂时收入路径对农户消费的影响。

分别对式（8－4）两边取基尼系数并进行归一化处理，进一步分解得到：

$$1 = \frac{E(C'_{it})C(C'_{it})}{E(C_{it})C(C_t)} + \frac{E(\Delta C_{1it})C(\Delta C_{1it})}{E(C_{it})G(C_t)} + \frac{E(\Delta C_{2it})C(\Delta C_{2it})}{E(C_{it})G(C_t)} + \frac{E(\Delta C_{3it})C(\Delta C_{3it})}{E(C_{it})G(C_t)} + \frac{E(\Delta C_{4it})C(\Delta C_{4it})}{E(C_{it})G(C_t)} \quad (8-5)$$

式（8－5）中：$C'_{it} = C_{it} - \Delta C_{1it} - \Delta C_{2it} - \Delta C_{3it} - \Delta C_{4it}$，$\frac{E(\Delta C_{1it})C(\Delta C_{1it})}{E(C_{it})G(C_t)}$、$\frac{E(\Delta C_{2it})C(\Delta C_{2it})}{E(C_{it})G(C_t)}$、$\frac{E(\Delta C_{3it})C(\Delta C_{3it})}{E(C_{it})G(C_t)}$和$\frac{E(\Delta C_{4it})C(\Delta C_{4it})}{E(C_{it})G(C_t)}$分别为退耕还林工程诱致农户以土地为基础的持久收入、以土地为基础的暂时收入、非农持久收入和非农暂时收入变化对总消费基尼系数贡献，记为 W_{C1}、W_{C2}、W_{C3} 和 W_{C4}。

需要说明的是，本章所用数据的来源与第 7 章完全相同，故不再重复分析主要变量的特征变化和进行相关统计检验。

8.3 经验性结果

8.3.1 退耕还林工程对样本农户收入和消费的影响估计结果

基于不同收入层次的样本农户重新估计式（7－5）的结果见表 8－1。不同收入层次的样本农户以土地为基础的活动、非农活动的持久收入和暂时收入对消费支出具有显著的正向影响，其中，持久收入的边际消费倾向较大，暂时收入的边际消费倾向较小，符合持久收入假说的预期。分来源来看，以土地为基础的持久收入的边际消费倾向较大，非农持久收入的边际消费倾向较小，表明样本农户的消费决策受到心理账户的影响。分层次来看，相较于中等收入（模型Ⅰb）和高收入（模型Ⅰc）层次的样本农户，低收入层次样本农户各种类型收入的边际消费倾向显著均更高（模型Ⅰa），如低、中、高三个收入层次样本农户以土地为基础的持久收入对总消费的影响系数分别为0.390、0.287和0.256，符合边际消费倾向递减规律，表明退耕还林工程对低收入层次样本农户收入的影响会在更大程度上被转移给消费。控制变量中，样本农户的家庭人口、户主为干部和所在村庄的平均消费水平均对样本农户的总消费具有显著的正向影响。

表 8-1　消费模型的估计结果

变量		总消费		
以土地为基础的持久收入（元）	R_1	0.352*** (0.012)		
较低收入层次（1/3）			0.390*** (0.012)	
中等收入层次（1/3）			0.287*** (0.012)	
较高收入层次（1/3）			0.256*** (0.011)	
以土地为基础的暂时收入（元）	R_2	0.012*** (0.001)		
较低收入层次（1/3）			0.017*** (0.003)	
中等收入层次（1/3）			0.009*** (0.002)	
较高收入层次（1/3）			0.010*** (0.002)	
非农持久收入（元）	R_3	0.135*** (0.010)		
较低收入层次（1/3）			0.161*** (0.017)	
中等收入层次（1/3）			0.046** (0.022)	
较高收入层次（1/3）			0.062*** (0.017)	
非农暂时收入（元）	R_4	0.020*** (0.002)		

续表

变量		总消费		
较低收入层次（1/3）			0.024*** (0.004)	
中等收入层次（1/3）			0.007 (0.007)	
较高收入层次（1/3）			0.005* (0.003)	
总持久收入（元）				0.285*** (0.013)
总暂时收入（元）				0.019*** (0.005)
家庭人口（人）	FC_1	0.420*** (0.023)	0.600*** (0.020)	0.393*** (0.020)
户主年龄（岁）	FC_2	-0.017 (0.065)	-0.019 (0.054)	-0.079 (0.055)
户主受教育年限（年）	FC_3	-0.003 (0.006)	-0.003 (0.005)	-0.003 (0.005)
户主是干部（是=1；否则=0）	FC_4	0.068** (0.034)	0.051* (0.029)	0.050* (0.027)
村庄到县城的距离（km）	VC_1	0.027 (0.019)	0.036** (0.017)	0.032* (0.017)
村庄道路状况（硬化=1；否则=0）	VC_2	-0.001 (0.021)	-0.005 (0.017)	-0.010 (0.018)
村级平均消费支出（元）	VC_3	0.303*** (0.016)	0.362*** (0.013)	0.362*** (0.013)
年度变量		控制	控制	控制
个体效应		固定	固定	固定
截距		2.396*** (0.334)	1.794*** (0.241)	1.945*** (0.299)
R^2		0.345	0.393	0.307

注：1）***、**、* 分别为参数估计在1%、5%和10%的水平上显著。2）括号内为标准差。

根据表7-3的估计结果，测算了退耕还林工程对样本农户分项持久收入和暂时收入的影响（见表8-2），退耕还林工程对样本农户以土地为基础持久收入的影响为正（ΔR_1），户均影响值从1999年的12.17元上升到2016年的185.77元，但对以土地为基础的暂时收入的影响为负（ΔR_2），户均影响值在 2005 年后基本保持在 -30 ~ -40 元。一方面，大多数样本农户获得的退耕还林补助高于放弃的种植业收益，因而具有增收效应（王庶和岳希明，2017；Liu et al.，2010），使样本农户形成了稳定的收入预期，进而反映于以土地为基础持久收入的增加。另一方面，样本农户参加退耕还林工程的大多为坡度较陡的耕地，产量低且不稳定，该项收入被相对稳定的退耕补助所替代，收入波动明显下降（刘浩，2013），导致以土地为基础的暂时收入减少。同时，退耕还林工程对样本农户非农持久收入和暂时收入的影响为正（ΔR_3 和 ΔR_4），且均呈逐年上升态势。退耕还林工程诱致农户的生产要素配置，从种植业上释放的生产要素可能转移至非农行业，非农活动在农户产业结构中的地位逐渐上升，非农持久收入和暂时收入均得到显著增加。分流域来看，退耕还林工程对长江流域样本农户持久收入的影响较小，对黄河流域样本农户的影响较大，原因在于黄河流域的平泉、易县、延长和张北等案例县市结合退耕还林工程大力发展特色经济林果产业，并产生了良好的经济效益。

表 8-2　退耕还林工程对持久收入、暂时收入和消费的影响测算结果　（元）

	年度	所有样本				长江流域				黄河流域			
		ΔR_1	ΔR_2	ΔR_3	ΔR_4	$\Delta R'_1$	$\Delta R'_2$	$\Delta R'_3$	$\Delta R'_4$	$\Delta R''_1$	$\Delta R''_2$	$\Delta R''_3$	$\Delta R''_4$
对收入的影响	1999	12.17	-4.54	1.37	0.34	2.16	-3.04	0.52	0.07	41.23	6.50	2.95	1.47
	2003	93.81	-21.72	26.30	3.84	21.00	-39.65	11.14	1.81	216.19	12.97	42.44	4.18
	2007	136.23	-40.05	48.55	13.98	27.69	-61.95	18.88	5.22	379.42	32.00	97.74	30.99
	2011	146.13	-38.21	81.05	19.11	30.19	-59.66	28.29	7.62	395.58	30.12	200.38	36.74
	2016	185.77	-35.52	135.96	21.36	35.34	-54.29	51.99	9.21	573.72	28.84	283.94	33.12
		ΔC_1	ΔC_2	ΔC_3	ΔC_4	$\Delta C'_1$	$\Delta C'_2$	$\Delta C'_3$	$\Delta C'_4$	$\Delta C''_1$	$\Delta C''_2$	$\Delta C''_3$	$\Delta C''_4$
对消费的影响	1999	4.18	-0.44	0.63	0.16	0.64	-0.81	0.21	0.10	11.98	0.28	1.50	0.37
	2003	35.98	-3.81	5.39	1.35	6.23	-7.82	2.07	0.92	81.44	1.90	10.17	2.54
	2007	66.81	-7.08	10.02	2.50	10.82	-13.58	3.60	1.60	174.79	4.09	21.83	5.45
	2011	92.27	-9.78	13.83	3.46	13.74	-17.24	4.57	2.03	279.35	6.53	34.89	8.71
	2016	115.12	-12.20	17.26	4.31	18.87	-23.69	6.28	2.79	294.14	6.87	36.74	9.17

将退耕还林工程对样本农户分项持久收入和暂时收入的影响代入表 7-5，

得到退耕还林工程基于不同类型收入冲击对样本农户总消费的影响（见表8－2）。由于分项持久收入的边际消费倾向为正，退耕还林工程对样本农户以土地为基础的持久收入、非农持久收入的影响均导致其总消费增加（ΔC_1 和 ΔC_3），且均呈现出快速递增态势。其中，以退耕还林工程诱致样本农户以土地为基础的持久收入变化而带来的总消费增长为主，户均影响值从1999年的4.18元增长为2016年的115.12元，对于习惯了从事以土地为基础生产活动的农户而言，以土地为基础的收入仍然是其进行消费决策的主要参考，并倾向于将大部分的非农收入进行储蓄以应对生产生活中面临的不确定性和流动性约束，进而导致退耕还林工程诱致样本农户非农持久收入变化而带来的总消费变化较小。与此同时，由于暂时收入的边际消费倾向偏低，退耕还林工程诱致样本农户分项暂时收入变化所带来的消费变化比较有限，但需要说明的是，由于退耕还林工程对样本农户以土地为基础的暂时收入的影响是负向的，该影响也相应地转移到了退耕还林工程对消费的影响上（ΔC_2）。分区域来看，退耕还林工程对长江流域样本农户消费支出的影响几乎可忽略不计，但显著增加了黄河流域样本农户的消费支出，2009年后的影响基本保持在300～400元。

8.3.2 退耕还林工程对样本农户收入与消费不平等影响的测度和分解结果

根据式（8－1）测算得到样本农户的总收入和总消费基尼系数（见图8－2）。1995～2016年，样本农户的总消费基尼系数小于总收入基尼系数，但两者的变化趋势具有较高一致性，总体呈上升趋势，表明样本农户的收入和消费不平等均有所扩大。与大多数已有研究结论相似（Cutler and Katz，1992；Krueger and Perri，2006；Jappelli and Pistaferri，2010），样本农户的总消费基尼系数的变化幅度也小于总收入基尼系数的变化幅度，1995～2005年，样本农户的总收入基尼系数略有下降，总消费基尼系数呈小幅波动态势。2005～2016年，样本农户的总收入基尼系数从0.3215上升到0.4276，总消费基尼系数从2005年的0.2981上升到2009年的0.3632，而后又呈明显下降态势，2012年以后基本保持在0.32左右。

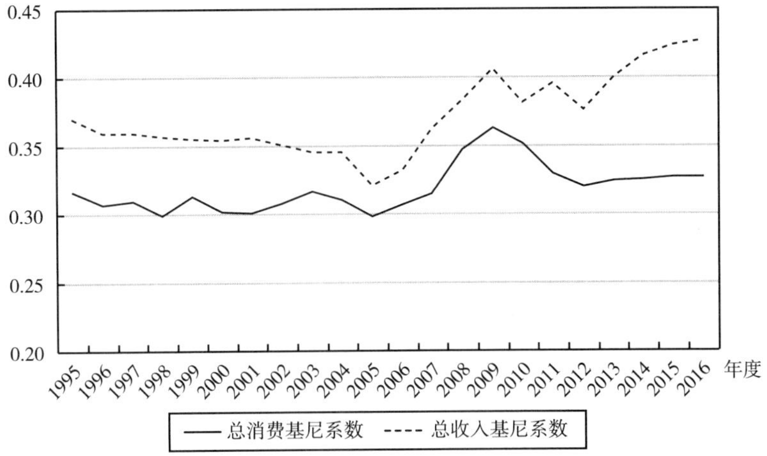

图 8 – 2　样本农户的收入不平等和消费不平等

在考虑退耕还林工程影响的情形下，基于表 8 – 2 的结果测算了退耕还林工程对样本农户分项收入影响值的集中度（见附表 5），基于式（8 – 3）分解得到退耕还林工程对样本农户收入不平等的贡献见表 8 – 3。对所有样本农户而言，退耕还林工程拉大了收入不平等，对总收入基尼系数的贡献率呈逐年上升态势，从 1999 年的 0. 10% 逐渐上升到 2005 年的 1. 52%，2005 年后贡献率逐渐下降，2016 年的贡献率为 0. 98%。从贡献来源看，退耕还林工程诱致的以土地为基础的持久收入、非农持久收入和暂时收入的变化拉大了大样本农户的收入不平等（W_{R1}、W_{R3} 和 W_{R4}），其中，以土地为基础的持久收入的贡献率最大；退耕还林工程诱致以土地为基础的暂时收入变化缩小了样本农户的收入不平等（W_{R2}），2005 年后的贡献率保持在 –0. 9% ~ –1. 2%。

表 8 – 3　　退耕还林工程对农户收入和消费不平等的贡献　　单位：（%）

	年度	所有样本				长江流域				黄河流域			
		W_{R1}	W_{R2}	W_{R3}	W_{R4}	W'_{R1}	W'_{R2}	W'_{R3}	W'_{R4}	W''_{R1}	W''_{R2}	W''_{R3}	W''_{R4}
对总收入基尼系数的贡献	1999	0. 12	–0. 09	0. 05	0. 02	0. 03	–0. 05	0. 02	0. 00	0. 69	0. 27	0. 12	0. 06
	2003	1. 10	–0. 51	0. 72	0. 14	0. 26	–0. 77	0. 29	0. 06	3. 15	0. 62	1. 44	0. 17
	2007	1. 19	–0. 99	0. 59	0. 59	0. 24	–1. 56	0. 21	0. 24	3. 70	1. 15	1. 56	1. 11
	2011	1. 05	–1. 13	0. 62	0. 57	0. 23	–1. 59	0. 24	0. 20	3. 26	0. 71	1. 45	1. 07
	2016	0. 96	–0. 99	0. 65	0. 36	0. 18	–1. 47	0. 29	0. 15	3. 05	0. 50	1. 34	0. 83

续表

	年度	所有样本				长江流域				黄河流域			
		W_{C1}	W_{C2}	W_{C3}	W_{C4}	W'_{C1}	W'_{C2}	W'_{C3}	W'_{C4}	W''_{C1}	W''_{C2}	W''_{C3}	W''_{C4}
对总消费基尼系数的贡献	1999	0.06	-0.01	0.01	0.00	0.02	-0.02	0.01	0.00	-0.07	0.00	-0.01	0.00
	2003	0.75	-0.08	0.11	0.03	0.13	-0.16	0.04	0.02	1.98	0.05	0.25	0.06
	2007	1.01	-0.11	0.15	0.04	0.18	-0.23	0.06	0.03	3.05	0.05	0.26	0.06
	2011	0.86	-0.10	0.13	0.03	0.13	-0.16	0.04	0.02	2.84	0.07	0.33	0.09
	2016	0.80	-0.09	0.12	0.03	0.13	-0.16	0.04	0.02	2.50	0.06	0.31	0.08

退耕还林工程对长江流域和黄河流域样本农户收入不平等的影响存在明显差异。在长江流域，退耕还林工程缩小了样本农户的收入不平等，2007 年后的贡献率维持在 -0.9% 左右。在黄河流域，退耕还林工程拉大了样本农户的收入不平等。形成上述差异可能有两方面原因：其一，长江流域样本农户所放弃的种植业收入降低了以土地为基础的收入波动，波动较大的暂时收入引发的收入不平等受到抑制，成为长江流域样本收入不平等下降的主因（W'_{R2}）。在黄河流域，由于退耕还林工程实施强度整体较大，样本农户结合退耕还林工程发展经济林果产业的现象比较普遍，实地调研发现，经济林果产业效益尚可，但受市场因素影响太大，如陕西延长县发展的苹果产业，经济效益比退耕前种植粮食明显提高，但苹果价格波动使农户的收入波动较退耕前更大，样本农户的持久收入和暂时收入共同增加，成为拉大收入不平等的重要因素。其二，长江流域经济发展水平整体高于黄河流域，退耕还林工程实施前，长江流域样本农户的非农劳动力投入比重明显高于黄河流域，这种差异为黄河流域的退耕还林工程对促进样本农户的非农收入增长提供了更大的空间，同时也提高了非农持久收入和暂时收入对收入不平等的贡献。

基于表 8 -2 的结果测算了退耕还林工程对样本农户消费影响值的集中度（见附表 5）。根据式（8 -5）测算分解得到退耕还林工程基于不同路径下对样本农户消费不平等的贡献率（见表 8 -3）。与对收入不平等的影响相似，退耕还林工程拉大了样本农户的消费不平等，但对总消费基尼系数的贡献率低于且滞后于对总收入基尼系数的贡献率，表明收入波动平滑机制发挥了作用。退耕还林工程对样本农户消费基尼系数的贡献率呈现出先增后降态势，从

1999 年的 0.06% 上升到 2008 年的 1.09%，而后逐渐下降至 2016 年的 0.86%。退耕还林工程拉大样本农户的消费不平等主要源自以土地为基础持久收入的变化（W_{C1}），2003 年后的贡献率维持在 0.8～1.0%；退耕还林工程对非农持久收入的影响亦拉大了样本农户消费不平等（W_{C3}），2003 年后的贡献率维持在 0.1～0.2%；此外，由于暂时收入边际消费倾向较低，退耕还林工程诱致样本农户以土地为基础暂时收入和非农暂时收入的变化对消费不平等贡献较小（W_{C2} 和 W_{C4}）。在长江流域和黄河流域，退耕还林工程对样本农户消费不平等的影响有所差异，主要体现在对黄河流域样本农户的消费不平等影响较大。在长江流域，退耕还林工程对消费不平等的影响显著区别于对收入不平等的影响。退耕还林工程诱致以土地为基础的暂时收入变化所形成的不平等缩减效应中（W'_{R2}），仅有小部分被传导至消费不平等（W'_{C2}），最终导致退耕还林工程对该区域样本农户消费不平等的影响甚微。

8.4　本章小结

本章利用 8 次跟踪调研获得的 6 省份、15 县市、216 个行政村的 952 个样本农户 1995～2016 年的平衡面板数据，在持久收入的框架中，基于退耕还林工程对样本农户收入和消费的影响，测度与分解了退耕还林工程对样本农户收入和消费不平等的影响。根据本章的经验性结果，可以初步形成如下结论：（1）通过改变样本农户以土地为基础的和非农持久收入和暂时收入，实施退耕还林工程拉大了样本农户的收入和消费不平等程度，对收入不平等的影响高于对消费不平等的影响，两者均呈先升后降的态势。（2）退耕还林工程对以土地为基础的和非农持久收入影响拉大了样本农户的收入不平等，对以土地为基础的暂时收入的影响有助于实现样本农户的收入平等，退耕还林工程对样本农户收入不平等的影响仅部分传导为对其消费不平等的影响，退耕还林工程对以土地为基础的持久收入影响是其拉大样本农户消费不平等的主要缘由。（3）退耕还林工程缩小了长江流域样本农户的收入不平等，对消费不平等的影响甚微，同时显著拉大了黄河流域样本农户的收入和消费不平等。

第9章 研究结论与政策含义

1999年，中国政府启动了退耕还林工程，至今已实施22年。退耕还林工程把农户的耕地转化为林地，政府在一定时期内给予农户补助。恢复生态系统和改善农户生计是实施退耕还林工程的两大核心目标，作为世界上财政投入最大、涉及农村人口最多的生态恢复工程之一，实施退耕还林工程对农户生计是否产生了影响，产生了什么影响，影响机理是什么？退耕还林工程改善农户生计的政策效益是否为广大农户所共享？是迫切需要回答的政策问题。本书利用8次跟踪调研获得的6省份、15县市、216个行政村、2707个样本农户连续22年（1995～2016年）的长期大样本农户数据库和递归方程组模型，充分考虑退耕还林工程在黄河流域和长江流域的补助政策差异以及市场和其他政策等外部环境的动态变化，基于持久收入假说和心理账户理论，估计分析了退耕还林工程对样本农户收入和消费的影响，在此基础上，测度与分解了退耕还林工程对农户收入和消费不平等的影响。

9.1 研究结论

根据退耕还林工程对农户收入、消费及其不平等的影响机理分析，结合全文各章节的实证分析结果，可以得到如下研究结论：

9.1.1 退耕还林工程增加了农户的收入

在总体上，退耕还林工程提高了样本农户的收入水平。一方面，退耕还林工程补助具有增收效应。退耕还林补助高于农户参加退耕还林工程的机会成本（退耕地放弃的种植业收益），这种差异直接使样本农户以土地为基础收入增加 3.73%。另一方面，退耕还林工程引起的生产要素配置调整间接增加了农户的收入。实施退耕还林工程使样本农户的耕地经营面积减少 25.06%，林地经营面积增加 57.88%，以土地为基础的生产费用减少 11.41%，非农劳动力投入增加 9.99%，以土地为基础的劳动力投入和种植业集约经营程度未受到退耕还林工程的显著影响；在上述生产要素投入变化的影响下，退耕还林工程间接使样本农户以土地为基础的收入和非农收入的分别增加 8.57% 和 7.85%。

9.1.2　退耕还林工程提高了农户的收入预期

实施退耕还林工程分别使样本农户以土地为基础的持久收入、非农持久收入和暂时收入增长 4.66%、2.05% 和 2.98%，在总体上提高了样本农户的收入预期，该影响主要源于退耕还林工程补助和非农务工的增收效应。退耕还林工程使样本农户以土地为基础的暂时收入减少 14.11%，该影响主要源于退耕还林工程补助对退耕地种植业收入的替代降低了样本农户的收入波动。

9.1.3　退耕还林工程促进了农户的消费增长但对改善消费结构的作用有限

实施退耕还林工程使样本农户的总消费、食品消费和其他消费支出分别增长了 1.71%、1.91% 和 1.69%。退耕还林工程对样本农户消费支出的影响主要源于其对收入的影响。其中，由退耕还林工程引起的以土地为基础的持久收入增长是消费支出增长的主因，由退耕还林工程引起的非农持久收入增长的边际消费倾向较低，对消费支出增长的促进作用比较有限。基于收入以外的路径，退耕还林工程对样本农户消费支出的影响不显著。

实施退耕还林工程未显著改善样本农户的消费结构。退耕还林工程主要增加了样本农户满足生计必需的基本性需求消费，对更高层次的非基本性需求消费的贡献甚微，同时，退耕还林工程对不同来源的食品消费具有不同的影响。对于粮食消费，退耕还林工程显著促进了样本农户的自给性消费向购买性消费转化，自给性粮食消费减少了 35.32%，购买性粮食消费增加了 9.69%。退耕农户粮食产量下降引起的结构替代是主要动因，收入增长对结构转化推动有限。类似的结构替代效应未体现于退耕还林工程对样本农户副食消费的影响上，实施退耕还林工程对样本农户自给性副食消费的影响甚微，但在分项持久收入增长的带动下，使购买性副食消费增加了 1.19%。

9.1.4 退耕还林工程拉大了农户的收入和消费不平等

实施退耕还林工程拉大了样本农户的收入和消费不平等程度。退耕还林工程对消费不平等的影响小于且滞后于对收入不平等的影响，两者均呈先升后降的态势，对收入和消费不平等影响的最高点分别在 2005 年和 2008 年，贡献率分别为 1.52% 和 1.09%。退耕还林工程对以土地为基础的和非农持久收入影响拉大了样本农户的收入不平等，对以土地为基础的暂时收入的影响有助于实现样本农户的收入平等。在消费平滑机制的作用下，退耕还林工程对样本农户收入不平等的影响仅部分传导为对消费不平等的影响，退耕还林工程对以土地为基础的持久收入影响是其拉大样本农户消费不平等的主要缘由；由于边际消费倾向较低，退耕还林工程改变样本农户非农持久收入和分项暂时收入导致的收入不平等变化仅有小部分传导至消费不平等。

9.1.5 退耕还林工程对农户收入、消费及其不平等的影响存在区域差异

相对于长江流域，退耕还林工程对黄河流域样本农户收入、消费支出及其结构的影响较大。在长江流域，退耕还林工程缩小了样本农户的收入不平等，对消费不平等的影响甚微；但在黄河流域，退耕还林工程显著拉大了样本农户的收入和消费不平等。

9.1.6 基于心理账户理论的持久收入假说适用于解释我国农户的消费行为

本书的实证结果表明，相较于绝对收入假说和相对收入假说，基于持久收入假说建立的计量经济学模型具有更高的拟合度，表明我国农户侧重于根据持久收入而非现期收入进行消费决策。此外，不同收入来源的持久收入和

暂时收入的边际消费倾向呈现出较大差异，模型拟合度也更高，表明心理账户效应是我国农户消费的影响因素之一，相较于一般形式的持久收入假说，基于心理账户理论的持久收入假说更适用于解释我国农户的消费行为。

9.2 关于主要研究结论的讨论

退耕还林工程提高了样本农户的收入水平，得益于退耕还林补助和农户生产要素配置调整共同产生的影响。一方面，退耕还林补助直接发挥了增收效应，这与一些已有研究结论相吻合（刘璨和张巍，2006；Chen et al.，2009；王庶和岳希明，2017）。退耕还林补助标准高于农户参与工程的种植业机会成本，尤其是在补助标准相对较高的长江流域，但随着社会经济环境的动态变化，如农业税费减免并实施种粮补贴，退耕还林补助发挥的增收效应可能逐渐削弱；加之退耕还林补助标准下降并陆续到期，样本农户的收入可能会受到不利影响（Yang and Xu，2013；Liu et al.，2014）。若无法找到可替代的生计来源，样本农户的长期生计水平必将受到冲击，上述推断得到本书结论的证实，若不考虑退耕还林工程补助，长江流域的样本农户靠生产要素配置调整增加的收入则无法弥补在种植业收入上的损失。另一方面，退耕还林工程引起生产要素配置调整间接提高了样本农户收入水平。参加退耕还林工程后，样本农户的劳动力投入和以土地为基础的生产费用从退耕地上转移出来（Liu et al.，2010；Liu and Lan，2015；Yin et al.，2018），第 5 章的农户关于退耕还林工程政策的主观评价和第 6 章的经验性结果均证实了该观点，但主要是转移到其他以土地为基础的行业和非农行业，退耕还林工程对样本农户种植业的集约经营程度未产生显著影响。

本书基于农户持久收入证明了退耕还林工程增加了农户的收入预期，并发现持久收入增长进一步带动农户消费支出增长，农户的生计状况真正因参加退耕还林工程得到改善。刘浩和刘璨（2015）的研究结论与本书有相似之处，但其所测度的退耕还林工程对消费的影响程度大于第 7 章的经验性结果，且在区域间几乎不存在差异。究其原因有二个：一方面，刘浩和刘璨（2015）

的分析时间仅涉及到2008年以前，从2008年开始，退耕还林工程补助标准减半，农户获得的退耕还林工程补助下降，消弱了部分其发挥的增收作用（Liu et al.，2010）。另一方面，本章对持久收入假说的实证应用进行了一些尝试性改进，将其与Shefrin和Thaler（1988）的心理分账户理论相结合，以此区别了一般意义上消费者生产模式相对单一的特点（Friedman，1957），在模型设定更加适用于我国从事兼业生产的农户，进而得到更加准确的结果。本书的经验性结果显示，农户不同来源的收入具有不同的边际消费倾向，且退耕还林工程对不同来源收入的影响具有一些差异，从而导致了复杂且不确定的结果。如退耕还林工程增加了农户的非农持久收入和暂时收入，但这些收入的边际消费倾向偏低。虽然农户以土地为基础的持久收入的边际消费倾向较高，但退耕还林工程对其的正向贡献强于依赖退耕还林工程补助产生的增收效应。这些因素共同导致了退耕还林工程对农户消费促进偏小的结果。

本书根据不同的路径分析了退耕还林工程对农户持久收入和消费支出的影响，需要基于研究结论重新去认识和理解退耕还林工程对农户生计状况产生的影响。持久收入是引导农户形成消费习惯的关键因素，这与农户对未来收入的预期有关。在我国城乡二元结构调整的大背景下，退耕还林工程推动了农户的生产要素配置向非农行业转移。但对于长期从事农业生产的农户而言，以土地为基础的持久收入仍然是其进行消费决策的主要参考，但这部分收入主要用于保障生活的基本性需求消费，对改善农户消费结构的作用非常有限。实地调研中发现，样本农户将大部分退耕还林工程补助用于购买粮食和缴纳水电费，这些偏好解释了为何退耕还林工程增加了样本农户以土地为基础的持久收入，但却无法显著改善农户的消费结构。同时，样本农户非农持久收入的边际消费倾向偏低，与农户从事的非农生产活动的特点有关。实地调研发现，由于受到技术技能等方面的限制，大多农户从事的非农活动主要为体力劳动，这些非农活动在中短期内可能为农户提供了相对稳定的收入源，促进其持久收入提高。但从更长时期来看，农户自身、市场和社会变革等方面的因素造成农户对这些收入的长期预期依然不高，加之我国农村尚缺乏完善的社会保障体系，导致他们更倾向于储蓄该部分收入以用于未来的大项支出和应对不确定性，而非用于现期消费以改善生计。

值得注意的是，退耕还林工程降低了样本农户的自给性粮食消费，同时增加了其购买性粮食消费。刘璨（2015）发现，退耕还林工程一方面对我国粮食生产产生了消极影响，但未深入讨论农户的口粮问题。需要通过购买粮食来补充口粮缺口，表明退耕还林工程对农户的粮食种植产生了实质性影响。耕地规模下降是农户减小粮食种植规模的客观因素。另一方面，退耕还林工程补助也成为促发农户粮食消费来源结构调整的原因之一。在实施初期，退耕还林工程对农户给予粮食实物补助，并在2004年调整为现金补助，基于对前期消费路径的延续，农户在工程后期继续用退耕还林补助购买粮食的概率较高，从而使一些农户逐渐形成了现金购买粮食的消费习惯。本书还发现退耕还林工程对样本农户自给性副食消费的影响不显著，这是因为参加退耕还林工程的耕地多被用于种植粮食作物，用于种植业经济作物或蔬菜瓜果的较少，但退耕还林工程对长江流域样本农户的自给性副食消费产生了程度较小的负向影响，这可能与南方地区普遍在种粮的耕地上复种油料作物有关。

退耕还林工程拉大了样本农户的收入不平等，退耕还林工程的实施方案决定了政府的财政投入无法惠及所有农户，其初衷是改善生态，林业部门根据当地具体情况制定退耕还林工程规划。只有当样本农户的坡耕地或沙化土地位于工程区划范围内，才有可能参与退耕还林工程（Liu et al.，2010）。退耕还林工程实施过程中，一些地方强调大户参与和集中成片，加大了农户参加退耕还林工程的概率和规模不均。样本农户参加退耕还林工程概率和规模的不平等导致了收入不平等，1999~2007年期间，随着样本农户参加退耕还林工程的规模不断扩大，其收入不平等逐渐递增。2007年以后，样本农户逐渐进入补助延长期，生活补助标准减半加之社会经济条件等因素变化，农户参与退耕还林工程的溢价减少乃至有可能降低其收入（刘浩和刘璨，2012），退耕还林工程对样本农户收入不平等的贡献率呈下降态势。另一方面，参加退耕还林工程以后，不同收入层次的样本农户调整生产要素配置的能力和机会具有异质性。将样本农户根据1999年的收入水平划分为五等，在退耕还林工程初期，各收入层次样本农户的种植业劳动力投入差异较小，2016年，最低、较低、中等、较高和最高收入层次样本农户的种植业劳动力投入分别减少了13.21%、31.71%、47.07%、38.77%和46.76%。中高收入层次样本农户拥有更为丰富的生产技能和经验，更易于将从种植业中释放的生产要素投入转移至其他行业。本书发现退耕还林工程拉大了样本农户的消费不平等，进一步证明退耕还林工程对农户生计不平等产生了实质性影响。但由于存在收入波动平滑机制和心理分账户因素，分项暂时收入和非农持久收入的边际消费倾向均较低，加之边际消费倾向递减规律的影响，退耕还林工程对样本农户收入不平等的影响仅有一部分传导至消费不平等，导致其对消费不平等的影响程度小于其对收入不平等的影响。

在长江流域和黄河流域，退耕还林工程的影响差异显著，主要是由工程实施强度、模式以及区域经济发展水平等因素共同形成。整体上来看，黄河流域样本农户参与退耕还林工程的规模显著大于长江流域的样本农户。参加退耕还林工程后，长江流域和黄河流域样本农户的生产要素配置出现了不同的调整趋势，虽然长江流域的样本农户减少了以土地为基础的劳动力投入和生产费用，但由于实施强度较小，退耕还林工程无法引起样本农户大幅调整其产业结构，劳动力投入转移至非农行业相对有限。黄河流域退耕还林工程实施强度较大，一些样本农户将超过80%的耕地纳入退耕还林工程，为规模化发展新的产业提供了条件，进而彻底重置其生产要素。实地调研发现，延长、平泉、易县和张北等案例县的样本农户结合退耕还林工程大力推动经济林果产业，有些样本农户甚至自发性将未纳入退耕还林工程的耕地也用于发展经济林产业，扩大产业规模，获得了良好的经济效益。黄河流域的退耕还林工程既增加了样本农户以土地为基础的劳动力投入和生产费用，同时增加了非农劳动力投入。劳动力投入总量增加，表明退耕还林工程促进了样本农户潜在劳动力的释放。

9.3 政策含义

已经实施22年的退耕还林工程显著提高了农户的收入水平，同时增加了农户的消费支出。在特定的历史时期，退耕还林工程对我国农户生计改善具有重要作用。目前，我国正在大力推进生态文明建设并实施乡村振兴战略，农村优先的发展理念不断深入体现于各个方面。新时期下，如何进一步强化退耕还林工程在改善农户生计方面发挥的作用值得深思。针对本书所得出的结论，提出如下政策含义：

鉴于退耕还林工程补助对样本农户发挥了显著的增收效应，有关部门应谨慎对待退耕还林工程相关补助和扶持政策的调整，充分考虑利益相关者的经济利益损失及其平衡问题。近年来，国家不断加大对种植业的补贴力度，退耕还林工程补助陆续到期，农户的不公平感有所上升，退耕还林工程成果巩固面临严峻挑战。对于补助到期的生态林，现行措施为将其纳入公益林补贴范围，但公益林补贴标准普遍太低，与农户的现实需求尚有很大差距。特别是在国家大力推进禁止耕地“非农化”、“非粮化”的背景下，一些地方的复耕苗头借机出现，严重威胁退耕还林工程成果巩固。因此，迫切需要国家完善顶层设计，有机衔接退耕还林工程政策与农村其他土地利用政策，将退耕还林工程纳入山水林田湖草系统治理体系，统筹优化生态治理资金和农林扶持资金，避免在农村出现“同地不同补”等现象，从根源上消除农户感到不公平的心理。在有条件的地区，可借鉴国外生态恢复项目相关模式，探索市场化、多元化的退耕还林生态效益补偿机制。

鉴于样本农户依托退耕还林工程发展经济林产业取得了良好的增收效果，需强化退耕还林工程产业生态化和生态产业化的发展模式。在不影响发挥生态效益的前提下，结合新一轮集体林权制度改革及其深化改革有关措施，适度放开退耕地经营自主权，创新投融资机制，激励农户加大对退耕地的投入，推动退耕地实现规模化经营。同时，需要加强低产低效林改造。对于长期难挂果、不挂果的经济林，要根据具体状况因树施策，有序更换树种，提高经济产出，提升经济林产品质量和附加价值；对生态林林相比较差的，不能有效发挥生态功能的，要彻底改造。强化对林下经济的产业扶持，使退耕还林工程后续产业成为农户持续稳定的生计来源。

鉴于退耕还林工程增加了农户的消费支出但对农户消费结构改善有限，需尽快完善农村社会保障制度，消除农户的后顾之忧，使退耕农户的劳动力和资本等生产要素能够转得出、稳得住。同时，鉴于农户主要根据以土地为基础的收入进行消费决策，非农收入边际消费倾向偏低的研究发现，需要加速我国农户消费观念更新，使其愿意消费、敢于消费，进而真正实现消费结构的优化。同时，应重视退耕还林工程对部分农户口粮消费的影响和消费偏好变化，一旦退耕还林工程补助完全到期，可能使样本农户的粮食消费受到较大冲击，需要对样本农户消费动态变化进行长期监测。

鉴于退耕还林工程拉大了样本农户的收入和消费不平等，亦需要对所引发的不平等问题给予高度关注。2020 年的“中央一号文件”将退耕还林工程作为扶贫攻坚的重要举措之一，在贫困地区扩大退耕还林还草规模。2020 年以后，需要把退耕还林工程与巩固精准扶贫成果和提升中低收入水平有机结合，通过机制完善实现退耕还林工程成果共享，强化贫困户和低收入农户参与后续产业发展，特别是对于长期无法找到替代生计来源的退耕农户，借鉴精准扶贫的经验做法，加大对低收入农户的培训和引导，并结合生态移民等政策，为其创造就业机会，引导和帮助其顺利实现生产结构调整，提高其增收的能力，最终实现生态恢复、生计改善与发展共享的多赢。

鉴于退耕还林工程对黄河流域和长江流域样本农户收入、消费及其不平等的影响差异显著，对继续实施的新一轮退耕还林工程或其他生态恢复工程，需要进一步强化因地制宜理念，在不同区域实施差别化的引导和扶持政策，可以尝试按照行政省域或县域设定相应的区域政策。

9.4 可能的创新之处

从研究内容、理论和方法应用等方面来看，相较于已有文献，本书可能存在如下学术创新：

一是在收入之外，将消费也作为农户生计真实状况的衡量指标。已有关于退耕还林工程影响农户生计的研究主要选取生产要素投入和收入纳入分析框架，本书将原有分析框架进一步延伸到农户的消费，基于“退耕还林工程—农户收入—消费”的思路和主线，在充分考虑退耕还林工程启动 22 年以来社会经济和市场条件动态变化的基础上重新构建理论分析框架并开展实证研究。

二是在进行退耕还林工程影响评估时更加重视测度中介效应。如基于补助有效性和生计替代界定退耕还林工程对农户收入的直接影响（退耕还林工程补助与退耕地放弃的种植业收益之差）和间接影响（退耕还林工程引起农户生产要素配置调整而带来的收入变化）。相对于已有同类研究倾向于分析退耕还林工程产生的总体影响，本书通过概念界定和特定计量经济学方法估计了不同影响路径下退耕还林工程产生的影响，该做法有助于更好地认识与理解退耕还林工程的影响成因。

三是将持久收入假说和心理账户理论全面引入消费及不平等的影响研究中，并进行一些探索性的理论融合和方法改进，如将心理账户理论引入持久收入假说并建立特定的模型形式和估计方法；又如利用持久收入假说和心理账户理论改进传统的扩展线性需求支出系统模型，研究结论证明这些做法相较于已有研究大多基于绝对收入假说、相对收入假说或一般形式的持久收入假说建立分析框架，能够更好地解释农户消费决策行为，故更有利于准确估计退耕还林工程对农户消费及其不平等的影响。

四是针对退耕还林工程的特点，在消费结构部分探讨了退耕还林工程对农户不同层次消费和不同来源食品消费的影响，从而在分析退耕还林工程对农户消费多少、在哪些方面消费影响的基础上，进一步探讨了退耕还林工程对农户如何消费的影响。退耕还林工程是增加了农户的满足基本生活需求的基本性需求消费还是改善生活质量的非基本性需求消费，关系到工程使农户形成了什么样的收入预期以及这些预期如何反映到消费行为上。研究退耕还林工程对农户自给性和购买性食品消费影响的背后，反映了退耕还林工程对农户粮食和副食等种植业生产的影响及其程度，同时还检验了退耕还林工程在促进农户食品消费商品化方面发挥的作用，上述思路和做法鲜见于已有同类研究。

五是基于收入和消费视角估计了退耕还林工程对农户生计不平等的影响。在主流经济学研究领域，已经开展了大量消费不平等的研究，消费不平等是对收入不平等的补充，能够更加真实地刻画农户的生计状况的差距。本书基于消费视角估计了退耕还林工程对农户生计不平等的影响，并基于持久收入假说框架分解了退耕还林工程对农户收入和消费不平等的影响，回答了退耕还林工程通过何种路径影响农户的收入不平等，通过实证分析演绎了退耕还林工程对收入不平等向消费不平等传导的过程。

9.5 研究不足与展望

虽然在研究内容、理论和方法应用上进行了一定的创新，但本书还存在一些值得完善和深入延续之处。如本书未分析退耕还林工程对农户消费偏好的影响，消费偏好是影响农户消费行为的重要组成部分，但受制于数据未开展此方面研究。同时，本书未从农户层面定量估计退耕还林工程补助政策变化对农户收入和消费的影响，目前学术界普遍采用的将农户参加退耕还林工程时间作为反映退耕补贴政策变量，但这种做法建立在了农户仅一次性参加退耕还林工程且退耕林种唯一这一非常严格的假设前提下，由于实际情况是农户分多年参加退耕还林工程，退耕所营造的林种也可能同时包括生态林和经济林，解决此问题的方法是进一步细化研究数据，基于农户和退耕地块的交互数据开展研究。此外，在本研究的基础上，值得从两个方面进行深入研究。一是基于消费视角开展退耕还林工程对农村巩固脱贫成果的影响研究，消费是衡量生计的重要指标，同时也是国际上反映贫困发生率的重要指标，基于研究发现进一步检验消费增长、消费不平等与农村贫困发生率之间的关系非常有意义。二是农户生计与退耕还林工程的可持续问题研究，本书发现退耕还林工程会影响农户的生计，但农户的生计问题又关系到退耕还林工程的成果巩固，特别在退耕还林工程补助面临大规模到期的形势下，研究农户生计与退耕还林工程可持续性之间的关系有助于明确退耕还林工程成果巩固的实现路径。

参考文献

［1］阿尔弗雷德·马歇尔，廉运杰（译）. 经济学原理［M］. 北京：华夏出版社，2005.

［2］艾春荣，汪伟. 非农就业与持久收入假说：理论和实证［J］. 管理世界，2010，1：8－22.

［3］白重恩，李宏彬，吴斌珍. 医疗保险与消费：来自新型农村合作医疗的证据［J］. 经济研究，2012，1：41－53.

［4］曹娜. 四川省农民收入增长影响因素分析［D］. 西南财经大学，2011.

［5］查小春，赖作莲. 退耕还林对铜川市农村经济结构的影响研究［J］. 干旱区资源与环境，2010，2：38－43.

［6］常世旺，韩仁月. 工资薪金个人所得税改革的再分配效应：基于微观数据的分析［J］. 财贸研究，2015，26（02）：103－109.

［7］陈斌开，曹文举. 从机会均等到结果平等：中国收入分配现状与出路［J］. 经济社会体制比较，2013（06）：44－59.

［8］陈冲. 农业双重风险对农民收入影响的实证研究［J］. 西北农林科技大学学报（社会科学版），2011，11（05）：17－21.

［9］陈丹，姚明明. 数字普惠金融对农村居民收入影响的实证分析［J］. 上海金融，2019（06）：74－77.

［10］陈飞，范庆泉，高铁梅. 农业政策、粮食产量与粮食生产调整能力［J］. 经济研究，2010，45（11）：101－114＋140.

［11］陈宏伟，穆月英. 劳动力转移、技术选择与农户收入不平等［J］.

财经科学，2020（08）：106－117.

［12］陈华帅，曾毅．“新农保”使谁受益：老人还是子女？［J］. 经济研究，2013，8：55－67.

［13］陈亮，陶冶．中国农村二元金融发展对农民收入影响的再考察——基于正规金融与非正规金融视角［J］. 财经理论与实践，2017，38（01）：42－48.

［14］陈林霞，何绍明．退耕还林效果调查——以贵州省黔西南州为例［J］. 林业经济，2008，6：42－44.

［15］陈银娥，刑乃千，师文明．农村基础设施投资对农民收入的影响——基于动态面板数据模型的经验研究［J］. 中南财经政法大学学报，2012（01）：97－103＋144.

［16］程名望，Jin Yanhong，盖庆恩，史清华．中国农户收入不平等及其决定因素——基于微观农户数据的回归分解［J］. 经济学（季刊），2016，15（03）：1253－1274.

［17］程锐．企业家精神与区域内收入差距：效应与影响机制分析［J］. 经济管理，2019，41（06）：91－108.

［18］崔海燕，范纪珍．内部和外部习惯形成与中国农村居民消费行为——基于省级动态面板数据的实证分析［J］. 中国农村经济，2011，7：54－62.

［19］邓吉龙．退耕还林工程对农户收入的影响研究［D］. 中南林业科技大学，2018.

［20］董昕．农业信贷投入对西部地区农民收入影响的空间特征［J］. 统计与信息论坛，2019，34（05）：79－85.

［21］杜海韬，邓翔．流动性约束和不确定性状态下的预防性储蓄研究——中国城乡居民的消费特征分析［J］. 经济学，2005，4：297－316.

［22］杜江，张伟科，范锦玲．农村金融发展对农民收入影响的双重特征分析——基于面板门槛模型和空间计量模型的实证研究［J］. 华中农业大学学报（社会科学版），2017（06）：35－43＋149.

［23］杜玉红，黄小舟．财政资金农业支出与农民收入关系研究［J］. 统

计研究，2006（09）：47－50.

［24］段先盛．收入分配对总消费影响的结构分析——兼对中国城镇家庭的实证检验［J］．数量经济技术经济研究，2009，26（02）：151－161．

［25］樊潇彦，袁志刚，万广华．收入风险对居民耐用品消费的影响［J］．经济研究，2007，4：124－136.

［26］范剑平，向书坚．我国城乡人口二元社会结构对居民消费率的影响［J］．管理世界，1999，5：35－38＋63.

［27］方福前，俞剑．居民消费理论的演进与经验事实［J］．经济学动态，2014，3：11－34.

［28］方齐云，陆华新，鄢军．我国农村税费改革对农民收入影响的实证分析［J］．中国农村经济，2005（05）：35－38＋46.

［29］方松海．增加农民收入与扩大农村消费研究［M］．北京：经济科学出版社，2012.

［30］冯涛，王宗道，赵会玉．资产价格波动的财富效应与居民消费行为［J］．经济社会体制比较，2010，4：73－81.

［31］甘犁，刘国恩，马双．基本医疗保险对促进家庭消费的影响［J］．经济研究，2010，1：30－38.

［32］高梦滔，毕岚岚，师慧丽．流动性约束、持久收入与农户消费——基于中国农村微观面板数据的经验研究［J］．统计研究，2008，25：48－55.

［33］高梦滔，姚洋．农户收入差距的微观基础：物质资本还是人力资本？［J］．经济研究，2006（12）：71－80.

［34］谷征．我国农业支持政策对农民收入影响测评［J］．农村经济，2014（11）：98－101.

［35］郭新华，许梦宁，伍再华．消费不平等的影响因素、数量测度及效应研究述评［J］．消费经济，2014（3）：84－92.

［36］郭亚帆，曹景林．农村居民消费内外部示范效应研究［J］．财贸研究，2015，3：23－31.

［37］郭燕枝，刘旭．基于格兰杰因果检验和典型相关的农民收入影响因素研究［J］．农业技术经济，2011（10）：92－97.

［38］国家发展和改革委员会价格司．全国农产品成本效益资料汇编 2018［M］．北京：中国统计出版社，2018.

［39］国家计委价格司．全国农产品成本效益资料汇编 2002［M］．北京：中国物价出版社，2002.

［40］国家林业和草原局．中国林业和草原统计年鉴 2018［M］．北京：中国林业出版社，2019.

［41］国家林业和草原局．中国森林资源报告：第九次全国森林资源清查［M］．北京：中国林业出版社，2019.

［42］国家统计局．中国统计年鉴 2018［M］．北京：中国统计出版社，2019.

［43］国家统计局农村社会经济调查司．中国农村统计年鉴 2018［M］．北京：中国统计出版社，2018.

［44］国家统计局农村社会经济调查总队．中国农村统计年鉴 2000［M］．北京：中国统计出版社，2000.

［45］韩锋，王昌海，侯一蕾．自然保护区周边社区薪柴消费影响因素分析［J］．资源科学，2014，5：971－978.

［46］韩洪云，史中美．中国退耕还林工程经济可持续性分析——基于陕西省眉县的实证研究［J］．农业技术经济，2010，4：85－91.

［47］韩立岩，杜春越．收入差距、借贷水平与居民消费的地区及城乡差异［J］．经济研究，2012，47（S1）：15－27.

［48］杭斌，山西城镇居民消费与收入关系的协整研究［J］．山西财经大学学报，2001，23：96－98.

［49］杭斌，申春兰．潜在流动性约束与预防性储蓄行为——理论框架及实证研究［J］．管理世界，2005，9：28－35.

［50］杭斌．城镇居民的平均消费倾向为何持续下降——基于消费习惯形成的实证分析［J］．数量经济技术经济研究，2010，6：126－138.

［51］何蒲明，黎东升．我国农村公共物品供给对农民收入影响的实证研究［J］．消费经济，2008（05）：15－18.

［52］何先平，陈硕．中国财政支农政策对农民收入影响的实证研究［J］.

统计与决策，2009（01）：88－89.

［53］贺大兴，姚洋．社会平等、中性政府与中国经济增长［J］．经济研究，2011（1）：4－17.

［54］胡帮勇，郎永建．农村金融发展对农民非农收入影响的实证研究［J］．西安财经学院学报，2013，26（04）：82－86.

［55］胡霞．退耕还林还草政策实施后农村经济结构的变化——对宁夏南部山区的实证分析［J］．中国农村经济，2005，5：63－70.

［56］胡亦琴，苏义寒，赵聪聪．土地要素风险对农业经营者收入影响的研究［J］．中国经济问题，2020（05）：125－136.

［57］黄季焜，王晓兵，智华勇，黄珠容，Scott Rozelle. 粮食直补和农资综合补贴对农业生产的影响［J］．农业技术经济，2011（01）：4－12.

［58］黄静，屠梅曾．房地产财富与消费：来自于家庭微观调查数据的证据［J］．管理世界，2009，7：35－45.

［59］黄祖辉，钱峰燕．技术进步对我国农民收入的影响及对策分析［J］．中国农村经济，2003（12）：11－17.

［60］贾男，张亮亮．城镇居民消费的“习惯形成”效应［J］．统计研究，2011，8：43－48.

［61］江丽，杨丽雅，张越．退耕还林还草政策的农户影响——以甘肃省华池县为例［M］．干旱区资源与环境，2011，9：60－66.

［62］姜百臣，马少华，孙明华．社会保障对农村居民消费行为的影响机制分析［J］．中国农村经济，2010，11：32－39.

［63］柯炼，黎翠梅，汪小勤，李英，陈地强．土地流转政策对地区农民收入的影响研究——来自湖南省的经验证据［J］．中国土地科学，2019，33（08）：53－62.

［64］孔荣，梁永．农村固定资产投资对农民收入影响的实证研究［J］．农业技术经济，2009（04）：47－52.

［65］雷钦礼．财富积累、习惯、偏好改变、不确定性与家庭消费决策［J］．经济学（季刊），2009，（8）3：1029－1046.

［66］李聪，刘若鸿，许晏君．易地扶贫搬迁、生计资本与农户收入不平

等——来自陕南的证据［J］. 农业技术经济，2019（07）：52－67.

［67］李谷成，冯中朝. 中国农户消费——收入结构的实证分析［J］. 农业技术经济，2004，6：30－35.

［68］李国祥. 农业结构调整对农民增收的效应分析［J］. 中国农村经济，2005（05）：12－20.

［69］李桦，姚顺波，郭亚军. 退耕还林对农户经济行为影响分析——以全国退耕还林示范县（吴起县）为例［J］. 中国农村经济，2006，10：38－42.

［70］李景华. 中国农村居民消费的实证分析［J］. 理论学刊，2006，5：48－50.

［71］李敬强，徐会奇. 收入来源与农村居民消费：基于面板数据的结论与启示［J］. 经济经纬，2009，6，113－116.

［72］李蕾，刘黎明，张虹波. 关于退耕还林还草监测评价体系的构想［J］. 中国水土保持，2004，4：24－25.

［73］李怒云，林业投资项目社会评价［M］. 北京：中国林业出版社，2004.

［74］李倩，杜江. 金融发展与财政支农对农村居民收入影响的实证［J］. 统计与决策，2020，36（04）：159－162.

［75］李锐，项海容. 不同类型的收入对农村居民消费的影响［J］. 经济研究参考，2004（63）：32－33.

［76］李锐. 我国西部地区城乡基础教育比较研究——基于基本公共服务均等化的视角［D］，内蒙古大学，2009.

［77］李锐. 农村公共基础设施投资效益的数量分析［J］. 农业技术经济，2003（02）：5－9.

［78］李涛，陈斌开. 家庭固定资产、财富效应与居民消费：来自中国城镇家庭的经验证据［J］. 经济研究，2014，3：62－75.

［79］李涛，么海亮. 什么导致了中国城镇家庭的消费不平等［J］. 经济理论与经济管理，2013（9）：33－42.

［80］李文星，徐长生，艾春荣. 中国人口年龄结构和居民消费：1989—

2004 [J]. 经济研究，2008，7：118 - 129.

[81] 李雪，付文革，韩一军. 粮食政策对主产区贫困户收入影响的实证研究——基于冀鲁豫农户调研数据 [J]. 中国农业资源与区划，2019，40 (09)：151 - 159.

[82] 李勇斌. 农业保险对农民收入影响的动态研究——基于系统 GMM 及门槛效应检验 [J]. 浙江金融，2018 (04)：52 - 59.

[83] 廖直东. 进城时长、示范效应与乡城移民家庭消费结构 [J]. 财经理论研究，2014，1：21 - 28.

[84] 林业重点工程与消除贫困问题课题组. 林业重点工程与消除贫困问题研究（续）[M]. 北京：经济科学出版社，2008.

[85] 林毅夫，陈斌开. 重工业优先发展战略与城乡消费不平等——来自中国的证据 [J]. 浙江社会科学 (4)：12 - 18 + 127.

[86] 林毅夫. 发展战略、自生能力和经济收敛 [J]. 经济学（季刊），2002 (01)：269 - 300.

[87] 刘璨，张巍. 退耕还林政策选择对农户收入的影响——以我国京津风沙治理工程为例 [M]. 经济学（季刊），2006，1：273 - 290.

[88] 刘璨. 林业重点工程对样本农户收入不平等影响的分解与分析 [J]. 经济理论与经济管理，2010 (10)：67 - 73.

[89] 刘璨. 我国退耕还林工程对粮食产量影响的分析与测度 [J]. 林业经济，2015，37 (09)：51 - 65.

[90] 刘根荣，慈宇. 中国农产品流通创新及其对农民收入影响研究 [J]. 中国经济问题，2017 (03)：113 - 122.

[91] 刘浩，陈思焜，张敏新，刘璨. 退耕还林工程对农户收入不平等影响的测度与分析——基于总收入决定方程的 Shapley 值分解 [J]. 林业科学，2017，53 (05)：125 - 133.

[92] 刘浩，刘璨. 退耕还林工程对农民持久收入与消费影响的研究 [C]. 制度经济学研究，2012 (1)：16 - 47.

[93] 刘浩. 林业重点工程对农民持久收入的影响研究 [J]. 林业经济，2013，37 (12)：75 - 82.

[94] 刘浩. 退耕还林工程对样本农户持久收入与消费影响的研究 [D]. 中国林业科学研究院, 2011.

[95] 刘魏, 张应良. 非农就业与农户收入差距研究——基于"离土"和"离乡"的异质性分析 [J]. 华中农业大学学报 (社会科学版), 2018 (03): 56-64+155.

[96] 刘玉春, 修长柏. 农村金融发展、农业科技进步与农民收入增长 [J]. 农业技术经济, 2013 (09): 92-100.

[97] 刘玉铭, 刘伟. 土地制度、科技进步与农业增长——以1952—2005年黑龙江垦区农业生产为例 [J]. 经济科学, 2007 (02): 52-58.

[98] 刘振彪. 我国财政支农支出促进农民收入增长的实证分析 [J]. 财经理论与实践, 2011, 32 (03): 63-67.

[99] 卢建新, 农村家庭资产与消费: 来自微观调查数据的证据 [J]. 农业技术经济, 2015, 1: 84-92.

[100] 罗东, 矫健. 国家财政支农资金对农民收入影响实证研究 [J]. 农业经济问题, 2014, 35 (12): 48-53.

[101] 马立伟, 王礼力. 农民职业教育对农民收入影响的实证分析 [J]. 农村经济, 2009 (07): 61-63.

[102] 马彦丽, 杨云. 粮食直补政策对农户种粮意愿、农民收入和生产投入的影响——一个基于河北案例的实证研究 [J]. 农业技术经济, 2005 (02): 7-13.

[103] 冒佩华, 徐骥. 农地制度、土地经营权流转与农民收入增长 [J]. 管理世界, 2015 (05): 63-74+88.

[104] 梅建明. 转型时期农户兼业经营状况分析——以湖北省为例 [J]. 财经研究, 2003 (08): 69-75.

[105] 孟昕, 黄少卿. 中国城市的失业、消费平滑和预防性储蓄 [J]. 经济社会体制比较, 2001, 6: 40-50.

[106] 欧根·冯·庞巴维克, 陈端 (译). 资本实证论 [M]. 北京: 商务印书馆, 1964.

[107] 彭妮娅. 教育经费投入对贫困地区农民收入影响的实证 [J]. 统

计与决策，2021，37（03）：67－70.

［108］彭小辉，史清华，朱喜．不同收入的消费倾向一致吗？——基于全国农村固定观察点调查数据的分析［J］．中国农村经济，2013，1：46－54.

［109］杞银凤．会泽县退耕还林效益分析与评价［J］．林业经济问题，2008，5：435－439.

［110］曲兆鹏，赵忠．老龄化对我国农村消费和收入不平等的影响［J］．经济研究，2008（12）：85－99.

［111］权衡．公共政策、居民收入流动与收入不平等［J］．经济学家，2004，6（6）：57－63.

［112］让·巴蒂斯特·萨伊，陈福生，陈振骅（译）．政治经济学概论：财富的生产分配和消费［M］．北京：商务印书馆，1997.

［113］让·沙尔·西斯蒙第，何钦（译）．政治经济学新原理［M］．北京：商务印书馆，1964.

［114］任国强．人力资本对农民非农就业与非农收入的影响研究——基于天津的考察［J］．南开经济研究，2004（03）：3－10.

［115］芮田生，阎洪．我国农民收入影响因素分析［J］．湖南社会科学，2012（02）：149－153.

［116］邵全权，柏龙飞，张孟娇．农业保险对农户消费和效用的影响——兼论农业保险对反贫困的意义［J］．保险研究，2017（10）：65－78.

［117］沈坤荣，张璟．中国农村公共支出及其绩效分析——基于农民收入增长和城乡收入差距的经验研究［J］．管理世界，2007（1）：30－40.

［118］史清华．农户储蓄行为演变趋势比较研究——以1986—2002年浙江10村固定跟踪观察农户为例［C］．全国中青年农业经济学者年会，2005.

［119］宋高燕，邓宏图．制度变迁、再分配能力与收入不平等［J］．浙江社会科学，2019（08）：16－25＋155.

［120］孙豪，毛中根，桂河清．中国居民消费不平等：审视与应对［J］．现代经济探讨，2019（04）：8－14.

［121］孙江明，钟甫宁．农村居民收入分配状况及其对消费需求的影响［J］．中国农村观察，2000，5：9－13＋80.

[122] 孙文凯，白重恩．我国农民消费行为的影响因素［J］．清华大学学报（哲学社会科学版），2008，06：34－139＋159.

[123] 汤丹．我国农业结构调整对农民收入影响的区域差异［J］．经济问题探索，2016（02）：180－184.

[124] 唐娟莉，朱玉春．农村公共品投资对农民收入影响实证分析［J］．西北农林科技大学学报（社会科学版），2012，12（05）：32－37.

[125] 陶建平，田杰．县域农村视角的我国农村金融发展收入效应分析——来自1772个县（市）面板数据的实证研究［J］．华中农业大学学报（社会科学版），2011（06）：24－28.

[126] 陶然，徐志刚，徐晋涛．退耕还林，粮食政策与可持续发展［J］．中国社会科学，2004（06）：25－38＋204.

[127] 田传浩，李明坤，郦水清．土地财政与地方公共物品供给——基于城市层面的经验［J］．公共管理学报，2014，11（04）：38－48＋141.

[128] 万广华，张茵，牛建高．流动性约束、不确定性与中国居民消费［J］．经济研究，2001，11，35－44＋94.

[129] 万广华．不平等的度量与分解［J］．经济学（季刊），2009，8（01）：347－368.

[130] 万广华．经济发展与收入不平等：方法和证据［M］．上海：上海人民出版社，2006.

[131] 汪伟，艾春荣，曹晖．税费改革对农村居民消费的影响研究［J］．管理世界，2013，1：89－100.

[132] 汪伟．经济增长、人口结构变化与中国高储蓄［J］．经济学（季刊），2009，1：29－52

[133] 王爱民，退耕还林的经济影响及现行政策的调整——以河北省为例［J］．农业经济问题，2005，11：135－139.

[134] 王爱民，李子联．农业技术进步对农民收入的影响机制研究［J］．经济经纬，2014，31（04）：31－36.

[135] 王春梅．退耕还林的成本—效果分析和经济影响评价——以敦化市为例［J］．生态环境学报，2009，2：549－553.

[136] 王方红. 农村社会化服务发展对农民收入影响的量化分析 [J]. 经济问题探索, 2009 (03): 38 - 43.

[137] 王凤. 我国农民收入增长决定因素的经济学分析 [J]. 经济学家, 2005 (05): 66 - 71.

[138] 王宏伟. 中国农村居民消费的基本趋势及制约农民消费行为的基本因素分析 [J]. 管理世界, 2000, 4: 163 - 174.

[139] 王剑波. 退耕还林工程对农村居民消费结构的影响——基于 1921 个样本农户数据和 ELES 模型 [J]. 林业科学, 2013, 2: 113 - 121.

[140] 王健, 胡美玲. 农村投资、农业生产率对农民收入影响的实证检验 [J]. 统计与决策, 2019, 35 (17): 100 - 104.

[141] 王克稳, 李敬强, 徐会奇. 不确定性对中国农村居民消费行为的影响研究——消费不确定性和收入不确定性的双重视角 [J]. 经济科学, 2013, 5: 88 - 96.

[142] 王敏琴, 晁熳璐, 张迪. 农村居民消费的棘轮效应及其空间聚集 [J]. 农村经济, 2015, 5: 38 - 43.

[143] 王欧, 杨进. 农业补贴对中国农户粮食生产的影响 [J]. 中国农村经济, 2014 (05): 20 - 28.

[144] 王秋菊, 王立群. 退耕还林对农户的经济影响——河北省平泉县案例研究 [J]. 北京林业大学学报 (社会科学版), 2009, 8: 90 - 94.

[145] 王世杰. 公共财政支出与我国收入分配不平等的相关研究 [J]. 经济与管理评论, 2010, 26 (5): 100 - 104.

[146] 王庶, 邓泽林. 退耕还林的经济效益研究 [J]. 中央财经大学学报, 2016 (05): 9 - 16.

[147] 王庶, 岳希明. 退耕还林、非农就业与农民增收——基于 21 省面板数据的双重差分分析 [J]. 经济研究, 2017 (4): 108 - 121.

[148] 王小鲁, 樊纲. 中国地区差距的变动趋势和影响因素 [J]. 经济研究, 2004 (1): 33 - 44.

[149] 王延中, 龙玉其, 江翠萍, 徐强. 中国社会保障收入再分配效应研究——以社会保险为例 [J]. 经济研究, 2016, 51 (02): 4 - 15 + 41.

[150] 温涛，田纪华，王小华．农民收入结构对消费结构的总体影响与区域差异研究［J］．中国软科学，2013（3）：47－57.

[151] 温涛，冉光和，熊德平．中国金融发展与农民收入增长［J］．经济研究，2005（09）：30－43.

[152] 吴伟光，刘强，谢涛，自然保护区周边农户家庭生活能源消费需求——基于浙江和陕西的实证分析［J］．农业技术经济，2012，5：43－49.

[153] 夏庆杰，李实，宋丽娜．中国城市消费不平等：1995—2013年［J］．消费经济，2019（4）：3－13.

[154] 谢旭轩，马训舟，张世秋．应用匹配倍差法评估退耕还林政策对农户收入的影响［J］．北京大学学报：自然科学版，2011，4：759－767.

[155] 谢颖，于海峰，许文立．公共支出能缓解不平等吗？［J］．财政研究，2017（02）：53－65＋74.

[156] 徐汉明，刘春伟．农民财产性收入影响因素实证研究［J］．商业研究，2012（03）：201－205.

[157] 徐辉，黎东升．教育型人力资本对农民收入影响的典型相关分析［J］．农业技术经济，2011（08）：44－49.

[158] 徐晋涛，陶然，徐志刚．退耕还林：成本有效性、结构调整效应与经济可持续性——基于西部三省农户调查的实证分析［J］．经济学（季刊），2004，4：143－166.

[159] 徐晋涛，于英，谢晨，李昌钢，陈宝林，寇磊．天然林资源保护工程对集体林及社区经济发展的影响［J］．林业经济，2003，6：28－32.

[160] 徐俊武，罗毅丹，曹晅．公共支出、经济增长与不平等：来自发展中国家的经验［C］．第八届（2013）中国管理学年会——公共管理分会场，2013.

[161] 许恒周，郭玉燕．农民非农收入与农村土地流转关系的协整分析——以江苏省南京市为例［J］．中国人口·资源与环境，2011，21（06）：61－66.

[162] 许庆，田士超，徐志刚，邵挺．农地制度、土地细碎化与农民收入不平等［J］．经济研究，2008（02）：83－92＋105.

［163］亚当·斯密，谢祖钧（译）．国富论［M］．北京：新世界出版社，2007.

［164］闫俊强，李大胜．我国农村基础设施投资对农民收入影响的实证分析［J］．华南农业大学学报（社会科学版），2008（04）：68－74＋29.

［165］杨丹，王晓丽，唐羽．农业补贴、农户增收与收入不平等［J］．华中农业大学学报（社会科学版），2020（05）：60－70＋171.

［166］杨帆，黄少安，Julie P. 中国人口红利结束了吗［J］．山东社会科学，2017，4：84－91.

［167］杨继东．中国消费不平等演变趋势及其原因［J］．财贸经济（4）：113－122.

［168］杨继生，司书耀．政策环境变迁与农村居民收入和消费意愿的动态变化［J］．中国农村经济，2011，7：42－53.

［169］杨建利，岳正华．我国财政支农资金对农民收入影响的实证分析——基于1991～2010年数据的检验［J］．软科学，2013，27（01）：42－46.

［170］杨晶，黄云．人力资本、社会资本对农户消费不平等的影响［J］．华南农业大学学报（社会科学版），2019（4）：44－49.

［171］杨晶，邓悦．中国农村养老保险制度对农户收入不平等影响研究［J］．数量经济技术经济研究，2020，37（10）：83－100.

［172］杨晶，丁士军，邓大松．人力资本、社会资本对失地农民个体收入不平等的影响研究［J］．中国人口·资源与环境，2019，29（03）：148－158.

［173］杨林娟，戴亨钊．甘肃省财政支农支出与农民收入增长关系研究［J］．农业经济问题，2008（03）：99－102.

［174］杨玲．农业产业结构对农民收入影响的多元线性回归分析［J］．统计与决策，2017（17）：118－120.

［175］杨天宇．中国居民转移性收入不平等成因的实证分析［J］．中南财经政法大学学报，2018（01）：42－50＋159.

［176］叶兴庆，张云华，武振军，周群力．农业农村改革若干重大问题研究［M］，北京：中国发展出版社，2018.

[177] 易行健，吴庆源，杨碧云. 中国城市化进程中城乡分项消费的联动机制——基于混合均组方法的实证检验 [J]. 上海经济研究，2012，10：65 – 76.

[178] 尹文静，Ted McConnel. 农村公共投资对农民收入影响地域差异的时变分析 [J]. 河北经贸大学学报，2015，36 (01)：40 – 45.

[179] 于淑波. 持久性收入对中国农民消费影响分析 [J]. 技术经济，2008，2：71 – 74

[180] 余劲，折小龙. 退耕还林政策对农户土地利用的影响探析 [J]. 中国水土保持，2011，8：55 – 57.

[181] 余永定，李军. 中国居民消费函数的理论与验证 [J]. 中国社会科学，2000，1：123 – 134.

[182] 余长坤，宋文博，吴次芳，丁艳喜. 河南省农用地集约利用对农民收入影响实证研究：1978—2012 [J]. 经济地理，2014，34 (05)：123 – 128 + 149.

[183] 虞斌. 中国农村居民生产性固定资产财富效应研究 [J]. 统计与决策，2014，1：124 – 127.

[184] 岳希明，徐静，刘谦，丁胜，董莉娟. 2011 年个人所得税改革的收入再分配效应 [J]. 经济研究，2012，47 (09)：113 – 124.

[185] 臧旭恒，张继海. 收入分配对中国城镇居民消费需求影响的实证分析 [J]. 经济理论与经济管理，2005，6：5 – 10.

[186] 张川川，陈斌开. "社会养老"能否替代"家庭养老"？——来自中国新型农村社会养老保险的证据 [J]. 经济研究，2014，11：102 – 115.

[187] 张冬平，刘旗. 农产品市场波动对农民收入影响的量化分析 [J]. 农业经济问题，2002 (06)：34 – 37.

[188] 张红霞，余劲，加贺爪优，鬼木俊次. 退耕还林政策实施后陕西北部农户消费结构实证分析——基于麟游、安塞、米脂三县 205 个农户的调查 [J]. 乡镇经济，2009，2：90 – 93.

[189] 张杰. 吉林省农业技术进步与农民收入的实证研究 [D]. 吉林农业大学，2012.

[190] 张秋惠，刘金星. 中国农村居民收入结构对其消费支出行为的影

响——基于 1997—2007 年的面板数据分析［J］. 中国农村经济，2010，4：48 - 54.

［191］张士斌，孙小兵，李晓瑜. 多种要素对农民收入增长影响的研究［J］. 经济问题探索，2011（06）：69 - 72.

［192］张小东，孙蓉. 农业保险对农民收入影响的区域差异分析——基于面板数据聚类分析［J］. 保险研究，2015（06）：62 - 71.

［193］张小芳，潘欣欣，陈习定，时培豪. 教育公共支出与收入不平等——基于结构门槛回归模型的实证研究［J］. 宏观经济研究，2020（01）：164 - 175.

［194］张晓蕾，姚顺波. 退耕还林对农户消费结构影响的实证研究——以陕北吴起县为例［J］. 林业经济，2008，2：14 - 17.

［195］张占贞，王兆君. 我国农民工资性收入影响因素的实证研究［J］. 农业技术经济，2010（02）：56 - 61.

［196］赵航，吴迪. 持久收入假说下两种收入分解方法的比较研究［J］. 数量经济技术经济研究，2019，36（03）：38 - 58.

［197］赵霞，刘彦平. 居民消费、流动性约束和居民个人消费信贷的实证研究［J］. 财贸经济，2006，11：32 - 36.

［198］赵勇智，罗尔呷，李建平. 农业综合开发投资对农民收入的影响分析——基于中国省级面板数据［J］. 中国农村经济，2019（05）：22 - 37.

［199］支玲，李怒云，王娟. 西部退耕还林经济补偿机制研究［J］. 林业科学，2004，2：2 - 8.

［200］支玲，邵爱英. 退耕还林的实践与思考——陕西省延安市宝塔区姚店镇案例分析［J］. 林业经济，2001，3：43 - 46.

［201］钟成林. 城乡居民收入差距对于居民的消费示范效应影响研究——基于GMM 方法的实证分析［J］. 上海经济研究，2015，12：105 - 114.

［202］钟甫宁，顾和军，纪月清. 农民角色分化与农业补贴政策的收入分配效应——江苏省农业税减免、粮食直补收入分配效应的实证研究［J］. 管理世界，2008（05）：65 - 70 + 76.

［203］周波，陈昭玖. 农内因素对农户非农就业的影响研究［J］. 农业

技术经济，2011（04）：19－24.

[204] 周建，艾春荣，王丹枫．中国农村消费与收入的结构效应［M］．经济研究，2013，2：122－133.

[205] 周一鹿，冉光和，钱太一．经济转型期农村金融资源开发对农民收入影响效应研究［J］．农业技术经济，2010（10）：33－39.

[206] 朱湖根，万伦来，金炎．中国财政支持农业产业化经营项目对农民收入增长影响的实证分析［J］．中国农村经济，2007（12）：28－34.

[207] 朱满德，李辛一，程国强．综合性收入补贴对中国玉米全要素生产率的影响分析——基于省级面板数据的 DEA－Tobit 两阶段法［J］．中国农村经济，2015（11）：4－14＋53.

[208] 朱梦冰．我国农村居民消费不平等的演变趋势［J］．北京工商大学学报（社会科学版），2018（1）：9－18.

[209] 朱信凯，雷海章．制度创新：农村市场开拓新视角［J］．经济问题，2000，2：78－80.

[210] 朱长宁，王树进．退耕还林背景下农户生态农业生产方式采用行为研究［J］．南京农业大学学报（社会科学版），2015，3：69－74.

[211] 邹红，李奥蕾，喻开志．消费不平等的度量、出生组分解和形成机制——兼与收入不平等比较［J］．经济学（季刊），2013，12（4）：1231－1254.

[212] 邹红，喻开志．城镇家庭消费不平等的度量和分解——基于广东省城镇住户调查数据的实证研究［J］．经济评论，2013（3）：38－47.

[213] Aguiar M，Bils M. Has consumption inequality mirrored income inequality?［J］. American Economic Review，2011，105（9）：2725－2756.

[214] Ahearn M，Strickland J R. The distribution of income and wealth of farm operator households［J］. American Journal of Agricultural Economics，1985，67（5）：1087－1094.

[215] Alessie R，Teppa F. Saving and habit formation：evidence from dutch panel data［J］. Empirical Economics，2010，38（2）：385－407.

[216] Angelini V. Consumption and habit formation when time horizon is finite

[J]. Economics Letters, 2009, 103 (2): 113 - 116.

[217] Anwar T. Growth and sectoral inequality in Pakistan: 2001 - 02 to 2004 - 05 [J]. Pakistan Economic & Social Review, 2007, 45 (2): 141 - 154.

[218] Arshed N, Anwar A, Hassan M S, et al. Education stock and its implication for income inequality: The case of Asian economies [J]. Review of Development Economics, 2019, 23 (2).

[219] Atkinson A B. Inequality: What can be done? [M] Cambridge: Harvard University Press, 2015.

[220] Attanasio O P, Browning M. Consumption over the life cycle and over the business cycle [J]. American Economic Review, 1995, 85.

[221] Attanasio O, Berloffa G, Blundell R. From earnings inequality to consumption inequality [J]. The Economic Journal, 2002, 112 (478): 52 - 59.

[222] Attanasio O, Pistaferri L. Consumption inequality over the last half century: Some evidence using the new PSID consumption measure [J]. American Economic Review, 2014, 104: 122 - 126.

[223] Barrett G F, Crossley T F, Worswick C. Consumption and income inequality in Australia [J]. Economic Record, 2000, 76.

[224] Barrios E B. Infrastructure and rural development: Household perceptions on rural development [J]. Progress in Planning, 2008, 70 (1): 1 - 44.

[225] Bhalla S S. The measurement of permanent income and its application to savings behavior [J]. Journal of Political Economy, 1980, 88 (4): 722 - 744.

[226] Binswanger H P, Khandker S R. The impact of formal finance on the rural economy of India [R]. Policy Research Working Paper, 1995, 32 (2): 234 - 262.

[227] Bitler M, Hoynes H. Heterogeneity in the impact of economic cycles and the great recession: Effects within and across the income distribution [J]. American Economic Review, 2015, 105 (5): 154 - 160.

[228] Bjorn, Gustafsson, and, et al. Expenditures on education and health care and poverty in rural China [J]. China Economic Review, 2004.

[229] Blundell R, Pistaferri L, Preston I. Consumption inequality and partial insurance [J]. American Economic Review, 2008, 98 (5): 1887 - 1921.

[230] Blundell R, Preston I. Consumption inequality and income uncertainty [J]. The Quarterly Journal of Economics, 1998, 113 (2): 603 - 640.

[231] Bostic R, Gabriel S, Painter G. Housing wealth, financial wealth, and consumption: New evidence from micro data [J]. Regional Science & Urban Economics, 2009, 39 (1): 79 - 89.

[232] Bourguignon F, Ferreira F, Leite P. Beyond Oaxaca-Blinder: Accounting for differences in household income distributions [J]. Journal of Economic Inequality, 2008, 6: 1 - 58..

[233] Bremer, Leah L, Farley, Kathleen A, Lopez-Carr, David. What factors influence participation in payment for ecosystem services programs? An evaluation of Ecuador's SocioPάramo program [J]. Land Use Policy, 2014, 36: 122 - 133.

[234] Briggeman B C. A New U. S. Farm household typology: Implications for agricultural policy [J]. Review of Agricultural Economics, 2010, 29 (4): 765 - 782.

[235] Brooks R, Barnett S A. China: Does government health and education spending boost consumption? [J] Social Science Electronic Publishing, 2010, 10: 1 - 14.

[236] Browning M, Gørtz M, Leth-Petersen S. Housing wealth and consumption: A micro panel study [J]. The Economic Journal, 2013, 123 (568): 401 - 428.

[237] Bulte E H, Lipper L, Stringer R, Zilberman D. Payments for ecosystem services and poverty reduction: Concepts, issues, and empirical perspectives [J]. Environment and Development Economics, 2008, 13: 245 - 254 (Special Feature).

[238] Cagan P. Determinants and effects of changes in the stock of money: 1875 - 1960 [M]. Columbia: Columbia University Press, 1965.

[239] Cai H, Chen Y, Zhou L. Income and consumption inequality in urban China: 1992 - 2003 [J]. Economic Development & Cultural Change, 2010. 58 (3): 385 -413.

[240] Calderon C, Serven L. The effects of infrastructure development on growth and income distribution [C] Econometric Society 2004 Latin American Meetings. Econometric Society, 2004.

[241] Campbell J Y, Cocco J F. How do house prices affect consumption? evidence from micro data [J]. Journal of Monetary Economics, 2007, 54 (3): 591 -621.

[242] Campbell J Y, Mankiw N G. The response of consumption to income: A cross-country investigation [J]. European Economic Review, 1991, 35 (4): 723 -756.

[243] Carroll C D, Otsuka M, Slacalek J. How large is the housing wealth effect? a new approach [M]. Social Science Electronic, 2006.

[244] Carroll C. The buffer-stock theory of saving: Some macroeconomic evidence [J]. Brookings Papers on Economic Activity, 1992, 23: 61 -156.

[245] Chang H H , Boisvert R N . Does participation in the conservation reserve program and/or off-farm work affect the level and distribution of farm household income? [R]. Cornell University Working Papers, 2009.

[246] Chang H H , Lambert D M , Mishra A K . Does participation in the conservation reserve program impact the economic well-being of farm households? [J]. Agricultural Economics, 2008, 38: 201 -212.

[247] Chatterjee A, Singh A, Stone T. Understanding wage inequality in Australia [J]. Economic Record, 2016, 92 (298).

[248] Chatterjee S, Hadi A S. Regression analysis by example. 5th edition [M]. John Wiley & Sons Inc, 2012.

[249] Chen C. Konig H J, Matzdorf B, Zhen L. The institutional challenges of payment for ecosystem service program in China: A review of the effectiveness and implementation of sloping land conversion program [J]. Sustainability, 2015,

7 (5): 5564 -5591.

[250] Chen X, Lupi F, He G. Ouyang Z, Liu J. Factors affecting land reconversion plans following a payment for ecosystem service program [J]. Biological Conservation, 2009, 142 (8): 1740 -1747.

[251] Cho S. Housing wealth effect on consumption: evidence from household level data [J]. Economics Letters, 2011, 113 (2): 192 -194.

[252] Cowan T, Johnson R. Soil and water conservation: An overview [R]. Congressional Research Service Reports. Washington DC, 2008.

[253] Crossley T, Pendakur K. Consumption inequality [R]. McMaster University and Simon Fraser University working paper, 2002.

[254] Cutler D M, Katz L F. Rising inequality? Changes in the distribution of income and consumption in the 1980s [J]. American Economic Review, 1992, 82 (2): 546 -551.

[255] Deaton A, Paxson C. Intertemporal choice and inequality [J]. Journal of Political Economy, 1994, 102 (3): 437 -467.

[256] Deaton A. Saving and liquidity constraints [C]. NBER Working Paper, 1989, No. 3196.

[257] Deaton A. Understanding consumption [M]. London: Oxford University Press, 1992.

[258] Deininger K, Jin S. The potential of land rental markets in the process of economic development: Evidence from China [J]. Journal of Development Economics, 2005, 78 (1): 241 -270.

[259] Devereux S, Hoddinott J. Fieldwork in developing countries [R]. FAO working paper, 1993.

[260] Dobson S, Ramlogan-Dobson C. Is there a trade-off between income inequality and corruption? Evidence from Latin America [J]. Economics Letters, 2010, 107 (2): 102 -104.

[261] Du Y, Park A, Wang S. Migration and rural poverty in China [J]. Journal of Comparative Economics, 2005, 33 (4): 688 -709.

[262] Duan W, Lang Z, Wen Y. The effects of the sloping land conversion program on poverty alleviation in the wuling mountainous area of China [J]. Small-scale Forestry, 2015, 14 (3): 331 -350.

[263] Duesenberry J S. Income, saving and theory of consumer behavior [M]. Cambridge: Harvard University Press, 1949.

[264] Dynan K E. Habit formation in consumer preferences: Evidence from panel data [J]. The American Economic Review, 2000, 90 (3): 391 -406.

[265] Eugenia K, Xu J T, Ulrich S. Implementing the Natural Forest Protection Program and the Sloping Land Conversion Program: Case studies. Beijing: China Forestry Publishing House, 2004.

[266] Fedderke J W, Perkins P, Luiz J M. Infrastructural investment in long-run economic growth: South Africa 1875 - 2001 [J]. World Development, 2006, 34.

[267] Fisher J D, Johnson D S, Smeeding T M. Measuring the trends in inequality of individuals and families: Income and consumption [J]. American Economic Review, 2013, 103 (3): 184 -188.

[268] Friedman M. A theory of the consumption functions [M]. Princeton University Press, 1957.

[269] Fuentes R, Mishra T, Scavia J, et al. On optimal long-term relationship between TFP, institutions, and income inequality under embodied technical progress [J]. Structural Change & Economic Dynamics, 2014, 31: 89 -100.

[270] Gauvin C, Uchida E, Rozelle S. Cost-effectiveness of payments for ecosystem services with dual goals of environment and poverty alleviation [J]. Environmental Management, 2010, 45 (3): 488 -501.

[271] Giles J, Yoo K. Precautionary behavior, migrant networks and household consumption decisions: An empirical analysis using household panel data from rural China [J]. The Review of Economics and Statistics, 2007, 89 (3): 534 -551.

[272] Glomm G, Kaganovich M. Social security, public education and the

growth-inequality relationship [J]. European Economic Review, 2008, 52 (6): 1009 - 1034.

[273] Glomm G, Ravikumar B. Public education and income inequality [J]. European Journal of Political Economy, 2003, 19 (2): 289 - 300.

[274] Gottschalk P, Moffitt R, Dickens K W T. The growth of earnings instability in the U. S. labor market [J]. Brookings Papers on Economic Activity, 1994 (2): 217 - 272.

[275] Granger C W J. Some recent development in a concept of causality [J]. Journal of Econometrics, 1988, 39 (1 - 2): 199 - 211.

[276] Greene W. Econometric analysis (5th edition) [M]. Englewood: Prentice Hall, 2003.

[277] Groom B, Grosjean P, Kontoleon A, Swanson T, Zhang S. Relaxing constraints with compensation: Evaluating reforestation policy in China [M]. Oxford Economics Papers, 2010.

[278] Gruber J. The consumption smoothing benefits of unemployment insurance [J]. American Economic Review, 1997, 87 (1): 192 - 205.

[279] Gustafsson B A, Li S, Sicular T. Inequality and public policy in China [M]. Cambridge: Cambridge University Press, 2008.

[280] Hakim C. Research design: Succesful designs for social economics research [M]. New York : Routledge, 2000.

[281] Halvarsson D, Korpi M, Wennberg K. Entrepreneurship and income inequality [M]. Social Science Electronic Publishing, 2018, 145.

[282] Hanson G D, Eidman V R. Agricultural income tax expenditures. A microeconomic analysis [J]. American Journal of Agricultural Economics, 1985, 67 (2): 271 - 278.

[283] Heerink N, Kuiper M, Shi X. China's new rural income support policy: Impacts on grain production and rural income inequality [J]. China & World Economy, 2006, 14 (6): 58 - 69.

[284] Hines F, Sommer J. How the CRP affects local economies-Conservation

reserve program affects farmers and farm communities [R]. Economic Research Service report, U. S. Dept. of Agriculture, 1991.

[285] Hubbard R, Skinner J, Zeldes P. Precautionary saving and social insurance. Journal of Political Economy, 1995, 103 (2): 360-399.

[286] Islam K. Technical, Economic and allocative efficiency of microfinance borrowers and non-borrowers: Evidence from peasant farming in Bangladesh [J]. European Journal of Social Sciences, 2011, 16 (3): 25-26.

[287] Jappelli T, Pistaferri L. Does consumption inequality track income inequality in Italy? [J]. Review of Economic Dynamics, 2010, 13 (1): 133-153.

[288] Jerrim J, Macmillan L. Income inequality, intergenerational mobility, and the great gatsby curve: Is education the key? [J]. Social Forces, 2015, 94 (2): 505-533.

[289] Joshua A, Jornsteffen P. Mastering metrics: The path from cause to effect [M]. Economics Books, 2015, 1.

[290] Keynes J M. The general theory of employment, interest and money [J]. Limnology & Oceanography, 1936, 12 (1-2): 28-36.

[291] Khalifa S, Seck O, Tobing E. Financial wealth effect: Evidence from threshold estimation [J]. Applied Economics Letters, 2011, 18 (13): 1303-1305.

[292] Khor N, Pencavel J. Income mobility of individuals in China and the United States [J]. Economics of Transition, 2006, 14 (3).

[293] Komarek A M, Shi X, Heerink N. Household-level effects of China's Sloping Land Conversion Program under price and policy shifts [J]. Land Use Policy, 2014, 40: 36-44.

[294] Kraay A. Household saving in china. World Bank Economic Review, 2000, 14 (3): 545-570.

[295] Krueger D, Perri F. Does income inequality lead to consumption inequality? Evidence and theory [M]. Social Science Electronic Publishing, 2003.

[296] Kwon C W, Orazem P F, Otto D M. Off-farm labor supply responses to permanent and transitory farm income [J]. Agricultural Economics, 2006, 34

(1): 59 -67.

[297] Langemeier M R, Patrick G F. Farm consumption and liquidity constraints [J]. American Journal of Agricultural Economics, 1993, 72 (2): 1347.

[298] Leland H. Saving and uncertainty: The precautionary demand for saving [J]. Quarterly Journal of Economics, 1968, 82 (3): 465 -473.

[299] Levin L. Are assets fungible? testing the behavioral theory of life-cycle savings [J]. Journal of Economic Behavior & Organization, 1998, 36 (1): 59 -83.

[300] Li H, Squire L, Zou H F. Explaining international and intertemporal variations in income inequality [J]. Economic Journal, 2010, 108 (446).

[301] Li H, Yao S, Yin R, Liu G. Assessing the decadal impact of China's Sloping Land Conversion Program on household income under enrollment and earning differentiation [J]. Forest Policy and Economics, 2015, 61: 95 -103.

[302] Li J, Wang X, Xu J, et al. The role of public pensions in income inequality among elderly households in China 1988 -2013 [J]. China Economic Review, 2020, 61.

[303] Li J, Feldman M W, Li S. Rural household income and inequality under the Sloping Land Conversion Program in western China [J]. Proceedings of the National Academy of Sciences of the United States of America, 2011, 108 (19): 7721 -7726.

[304] Liang Y, Li S, Feldman M W, Daily G C. Does household composition matter? the impact of the Grain for Green Program on rural livelihoods in China [J]. Ecological Economics, 2012, 75 (2): 152 -160.

[305] Lin Y, Yao S B. Impact of the Sloping Land Conversion Program on rural household income: An integrated estimation [J]. Land Use Policy, 2014, 40: 56 -63.

[306] Little R J A, Rubin D B. Statistical analysis with missing data (2nd Ed.) [M]. New York: John Wiley & Sons, 2002.

[307] Liu C, Liu H, Wang S. Has China's New Round of Collective Forest Reforms caused an increase in the use of productive forest inputs? [J]. Land Use

Policy, 2017, 64: 492 -510.

[308] Liu C, Lv J, Yin R. An estimation of the effects of China's Forestry Programs on farmers' income [J]. Environmental Management, 2010, 45: 526 -540.

[309] Liu C, Mullan K, Liu H, Zhu W, Rong Q. The estimation of long term impacts of China's Key Priority Forestry Programs on rural household incomes [J]. Journal of Forest Economics, 2014, 20: 267 -285.

[310] Liu T , Liu C , Liu H. Did the Key Priority Forestry Programs affect income inequality in rural China? [J]. Land Use Policy, 2014, 38: 264 -275.

[311] Liu Z, Lan J. The Sloping Land Conversion Program in China: Effect on the livelihood diversification of rural households [J]. World Development, 2015, 70 (C): 147 -161.

[312] Lluch C. The extended linear expenditure system [J]. European Economic Review, 1973, 4: 21 -32.

[313] Martin, Michael, Hans Radtke, Bart Eleveld, S. Dianne Nofziger, conservation reserve program on rural communities: The case of three oregon counties. Western Journal of Agricultural Economics, 1988, 13 (2): 225 -232.

[314] Mcmaster D G, Davis S K. An evaluation of Canada's permanent cover program: Habitat for grassland birds? [J] Journal of Field Ornithology, 2001, 72 (2): 195 -210.

[315] Mendelsohn R, Basist A, Kurukulasuriya P, et al. Climate and rural income [J]. Climatic Change, 2007, 81 (1): 101 -118.

[316] Meyer B D, Sullivan J X. Measuring the well-being of the poor using income and consumption [J]. The Journal of Human Resources, 2003, 38 (1): 1180 -1220.

[317] Milanovic B. The median-voter hypothesis, income inequality, and income redistribution: An empirical test with the required data [J]. European Journal of Political Economy, 2000, 16: 367 -410.

[318] Mishra P K. Agricultural risk, insurance and income: A study of the impact and design of India's comprehensive crop insurance scheme [J]. 1995.

[319] Modigliani F, Brunburg R. Utility analysis and the consumption function: An interpretation of cross-section data, post Keynesian economics [M]. Rutger University Press, 1954.

[320] Musgrave R. The theory of public finance. New York, NY: McGraw-Hill, 1959.

[321] Muth J F. Optimal properties of exponentially weighted forecasts [J]. Journal of the American Statistical Association, 1960. 55 (290): 299 - 306.

[322] Naik N Y, Moore M J. Habit formation and intertemporal substitution in individual food consumption [J]. Review of Economics & Statistics, 1996, 78 (2): 321 - 328.

[323] Nolan B. Income inequality and public policy [J]. Journal of Public Policy, 2009, 40 (3): 315 - 316.

[324] OECD. The environmental effects of agricultural and diversion schemes [R]. Paris, 1997.

[325] Ohtake F, Saito M. Population aging and consumption inequality [R]. Institute of Social and Economic Research, Osaka University, ISER Discussion Paper, 1997.

[326] Paxson C H. Using weather variability to estimate the response of savings to transitory income in Thailand [J]. American Economic Review, 1992, 82 (1): 15 - 33.

[327] Perotti R. Income distribution, fiscal policy, and delays in stabilization [J]. Journal of Policy Reform, 1996, 1 (4): 335 - 355.

[328] Piketty T, Goldhammer A. 2015. The economics of inequality [M]. Cambridge: Harvard University Press, 2015.

[329] Primiceri G E, Rens T. Heterogeneous life-cycle profiles, income risk and consumption inequality [J]. Journal of Monetary Economics, 2009, 56 (1): 20 - 39.

[330] Pyatt C C, Chen C, John C. The distribution of income by factor components [J]. Quarterly Journal of Economics, 1980, 95 (3): 451 - 473.

[331] Rodriguez E R. International migration and income distribution in the Philippines [J]. Economic Development & Cultural Change, 1998, 46 (46): 329 -350.

[332] Sampson R J, Morenoff J D, Gannonrowley T. Assessing "neighborhood effects": social processes and new directions in research [J]. Annual Review of Sociology, 2002, 28 (1): 443 -478.

[333] Schomers S, Matzdorf B. Payments for ecosystem services: A review and comparison of developing and industrialized countries [J]. Ecosystem Services, 2013, 6: 16 -30.

[334] Schultz, W. The value of the ability to deal with disequilibria [J]. Journal of Economic Literature, 1975, 13 (3): 827 -846.

[335] Shefrin H M, Thaler R H. The behavioral life-cycle hypothesis [J]. Economic Inquiry, 1988, 26 (4): 609 -643.

[336] Skinner J. Risky income, life cycle consumption, and precautionary saving [R]. NBER Working Paper, 1987, No. 2336.

[337] Slesnick D T . Consumption, needs and inequality [J]. International Economic Review, 1994, 35 (3): 677 -703.

[338] Song C, Zhang Y, Mei Y, et al. Sustainability of forests created by China's Sloping Land Conversion Program: A comparison among three sites in Anhui, Hubei and Shanxi [J]. Forest Policy & Economics, 2014, 38: 161 -167.

[339] Stone R. Linear expenditure system and demand analysis: An application to the pattern of British demand [J]. Economic Journal, 1954, 64: 511 -527.

[340] Sullivan P, William McBride, Daniel Hellerstein, David McGranahan, LeRoy Hansen, Michael Roberts, Robert Johnsson, Steven Koenig, Stephen Vogel, Shawn Bucholtz, Ruben Lubowski. The Conservation Reserve Program-Economic implications for rural America [R] . Agricultural Economic Report, 2004, 834.

[341] Thaler R. Mental accounting and consumer choice [J]. Marketing Science, 1985, 4 (3): 199 -214.

[342] Thunen J H. Isolated state: An English edition of der isolierte staat. Oxford: Pergamon Press, 1966.

[343] Todo Y, Takahashi R. Impact of farmer field schools on agricultural income and skills [J]. Journal of International Development, 2011. 25 (3).

[344] Treacy P, Jagger P, Song C, Zhang Q, Bilsborrow R E. Impacts of China's Grain for Green Program on migration and household income [J]. Environmental Management, 2018, 62: 489 – 499.

[345] Uchida E, Xu J T, Xu Z G. Are the poor benefiting from China's land conservation program? [J] Environment and Development Economics, 2007, 12 (4): 593 – 620.

[346] Uchida E. Xu J, Rozelle S. Grain for green: Cost-effectiveness and sustainability of China's Conservation Set-Aside Program [J]. Land Economics. 2005, 81 (2): 247 – 264.

[347] Uematsu H, Mishra A K. Use of direct marketing strategies by farmers and their impact on farm business income [J]. Agricultural and Resource Economics Review, 2011, 40 (1): 1 – 19.

[348] Wang C M, Maclaren V. Evaluation of economic and social impacts of the sloping land conversion program: A case study in Dunhua county, China [J]. Forest Policy and Economics, 2012, 14: 50 – 57.

[349] Wang Y. Permanent income and wealth accumulation: A cross-sectional study of Chinese urban and rural households [J]. Economic Development & Cultural Change, 1995, 43 (43): 523 – 550.

[350] Weyerhaeuser H, Wilkes A, Kahrl F. Local impacts and responses to regional forest conservation and rehabilitation programs in China's northwest Yunnan Province [J]. Agricultural Systems, 2005, 85: 234 – 253.

[351] Wong, M Y H. Public spending, corruption, and income inequality: A comparative analysis of Asia and Latin America [J]. International Political Science Review, 2016, 38 (3).

[352] Wooldridge J M. Introductory econometrics: a modern approach [M].

Chula Vista: South-Western College Publishing, 1999.

[353] Wunder S, Engel S, Pagiola S. Taking stock: A comparative analysis of payments for ecosystem services programs in developed and developing counties [J]. Ecological Economics, 2008, 65: 834 - 852.

[354] Xu J, Tao R, Xu Z, Bennett M T. China's Sloping Land Conversion Program: Does expansion equal success? [J]. Land Economics, 2010, 86 (2): 219 - 244.

[355] Yang X, Xu J. Program sustainability and the determinants of farmers' self-predicted post-program land use decisions: Evidence from the Sloping Land Conversion Program (SLCP) in China [J]. Environment and Development Economics, 2014, 19 (01): 30 - 47.

[356] Yin R, Liu C, Zhao M, Yao S, Liu H. The implementation and impacts of China's largest payment for ecosystem services program as revealed by longitudinal household data [J]. Land Use Policy, 2014, 40: 45 - 55.

[357] Yin R, Liu H, Liu C, Lu G. Households' decisions to participate in China's Sloping Land Conversion Program and reallocate their labour times: Is there endogeneity bias? [J]. Ecological Economics, 2018, 145: 380 - 390.

[358] Zbinden S, Lee D R. Paying for environmental services: An analysis of participation in Costa Rica's PSA program [J]. World Development, 2005, 33 (2): 255 - 272.

[359] Zeldes S P. Consumption and liquidity constraints: An empirical analysis [J]. Journal of Political Economy, 1989, 97: 305 - 346.

[360] Zhang L, Feng S, Heerink N, et al. How do land rental markets affect household income? Evidence from rural Jiangsu, P. R. China [J]. Land Use Policy, 2018, 74: 151 - 165.

[361] Zhang Y, Wan G H. Liquidity constraint, uncertainty and household consumption in China [J]. Applied Economics, 2004, 36 (19): 2221 - 2229.

附　　录

附表 1　　原始数据库和平衡面板数据库主要变量方差检验结果

年度	户主年龄	户主受教育年限	耕地面积	林地面积	劳动力投入	生产费用投入	总收入	总消费	退耕还林面积
1995	0.2230	0.7823	0.2425	0.7863	0.1736	0.1585	0.1243	0.2328	—
1999	0.1384	0.7398	0.4236	0.8119	0.1201	0.1423	0.2823	0.2114	0.3401
2003	0.0704*	0.7272	0.8840	0.9233	0.0718*	0.1102	0.2161	0.1675	0.1056
2007	0.1662	0.7098	0.1384	0.5295	0.1447	0.1636	0.1453	0.4329	0.5687
2011	0.1208	0.8256	0.3661	0.7659	0.8659	0.2601	0.3024	0.4857	0.5264
2016	0.7052	0.7390	0.3492	0.8137	0.4531	0.6440	0.3706	0.4061	0.5964

注：1）统计指标为组间差异 P 值，* 表示达到 10% 的显著性水平。2）— 表示无数据。

附表 2　退耕还林工程对农户土地经营面积的影响（平衡面板数据）

变量	耕地面积		林地面积	
参加退耕（是 =1；否 =0）	-0.2871*** (0.0195)		0.4623*** (0.0264)	
长江流域参加退耕（是 =1；否 =0）		-0.3485*** (0.0224)		0.1812*** (0.0303)
黄河流域参加退耕（是 =1；否 =0）		-0.1851*** (0.0269)		0.9279*** (0.0366)
农产品价格指数（1995 年 =1）	0.0940*** (0.0144)	0.0890*** (0.0144)		
木材价格指数（1995 年 =1）			0.1505* (0.0839)	0.3841*** (0.0841)

续表

变量	耕地面积		林地面积	
劳动力价格指数（1995 年 =1）	-0.0010 (0.0055)	0.0012 (0.0055)	-0.1196*** (0.0392)	-0.1026*** (0.0389)
银行 1 年期存款基准利率（%）	0.0517*** (0.0050)	0.0521*** (0.0050)	-0.0702*** (0.0058)	-0.0696*** (0.0057)
家庭人口（人）	0.1661*** (0.0170)	0.1693*** (0.0170)	0.0855*** (0.0235)	0.0981*** (0.0233)
户主年龄（岁）	0.1599*** (0.0486)	0.1619*** (0.0486)	-0.0476 (0.0672)	-0.0398 (0.0666)
户主受教育年限（年）	0.0156*** (0.0043)	0.0157*** (0.0043)	-0.0132** (0.0060)	-0.0131** (0.0059)
户主是否为干部（是 =1；否则 =0）	0.0702*** (0.0258)	0.0663** (0.0258)	0.0106 (0.0356)	-0.0071 (0.0353)
村庄到县城的距离（千米）	0.0232 (0.0151)	0.0240 (0.0151)	-0.0950*** (0.0209)	-0.0924*** (0.0207)
村庄道路情况（硬化 =1；否则 =0）	-0.0063 (0.0156)	-0.0089 (0.0156)	0.1989*** (0.0216)	0.1855*** (0.0214)
年度变量	控制	控制	控制	控制
个体效应	固定	固定	固定	固定
截距	0.6199*** (0.1872)	0.6102*** (0.1870)	1.4976*** (0.2734)	1.2015*** (0.2714)
R^2	0.0748	0.0764	0.1322	0.1483

注：1）*** 为参数估计在 1% 的水平上显著；** 为参数估计在 5% 的水平上显著；* 为参数估计在 10% 的水平上显著。2）括号内为标准差。

附表 3　样本农户劳动力和生产费用影响模型的估计结果（平衡面板数据）

变量	以土地为基础的劳动力投入	以土地为基础的生产费用	非农劳动力投入
耕地面积（亩）	0.4067*** (0.0199)	0.7309*** (0.0251)	-0.0186 (0.0433)
林地面积（亩）	0.1848*** (0.0145)	0.1276*** (0.0182)	0.1696*** (0.0314)
农产品价格指数（1995 年 =1）	0.0207 (0.0388)	0.1726*** (0.0487)	0.2349*** (0.0811)

续表

变量	以土地为基础的劳动力投入	以土地为基础的生产费用	非农劳动力投入
木材价格指数（1995 年 =1）	0.3815*** (0.0463)	0.2046*** (0.0581)	-1.0966*** (0.3517)
劳动力价格指数（1995 年 =1）	-0.0500*** (0.0148)	-0.1012*** (0.0186)	0.2871* (0.1639)
银行 1 年期存款基准利率（%）	0.0743*** (0.0161)	-0.1337*** (0.0203)	-0.3298*** (0.0289)
种植业税费（补贴视为负项税）（元）	-0.0001 (0.0393)	-0.2846*** (0.0493)	0.4179*** (0.0852)
林业税费（补贴视为负项税）（元）	0.0164 (0.0334)	0.0037 (0.0420)	-0.1957*** (0.0718)
家庭人口（人）	0.1534*** (0.0452)	0.2968*** (0.0569)	3.1448*** (0.0984)
户主年龄（岁）	0.1471 (0.1292)	0.7556*** (0.1626)	-1.0183*** (0.2810)
户主受教育年限（年）	-0.0308*** (0.0115)	-0.0069 (0.0145)	0.0112 (0.0251)
户主是否为干部（是 =1；否则 =0）	-0.0149 (0.0685)	0.3343*** (0.0861)	0.2108 (0.1490)
村庄到县城的距离（千米）	-0.0645 (0.0402)	-0.0323 (0.0506)	-0.2543*** (0.0875)
村庄道路情况（硬化 =1；否则 =0）	0.1405*** (0.0416)	-0.0182 (0.0523)	0.3002*** (0.0905)
年度变量	控制	控制	控制
个体效应	固定	固定	固定
截距	3.2246*** (0.5000)	1.2921** (0.6290)	1.1946 (1.1455)
R^2	0.0636	0.0858	0.1084

注：1）*** 为参数估计在 1% 的水平上显著；** 为参数估计在 5% 的水平上显著；* 为参数估计在 10% 的水平上显著。2）括号内为标准差。

附表 4　样本农户分项持久收入和暂时收入模型估计结果（平衡面板数据）

变量	以土地为基础的生产活动				非农生产活动	
	持久收入		暂时收入		持久收入	暂时收入
参加退耕（是=1；否=0）	0.0610*** (0.0154)		0.1087 (0.1657)			
长江流域参加退耕（是=1；否=0）		0.0574*** (0.0177)		0.0344 (0.1905)		
黄河流域参加退耕（是=1；否=0）		0.0674*** (0.0216)		0.2373 (0.2320)		
耕地面积（亩）	0.1119*** (0.0061)	0.1118*** (0.0061)	0.5419*** (0.0661)	0.5410*** (0.0661)		
林地面积（亩）	0.0661*** (0.0044)	0.0659*** (0.0044)	0.1769*** (0.0469)	0.1723*** (0.0472)		
以土地为基础的劳动力投入（人天）	0.0450*** (0.0026)	0.0449*** (0.0026)	0.2374*** (0.0283)	0.2356*** (0.0284)		
以土地为基础的生产费用（元）	0.0759*** (0.0021)	0.0759*** (0.0021)	0.3967*** (0.0225)	0.3966*** (0.0225)		
非农劳动力投入（人天）					0.2609*** (0.0036)	0.3800*** (0.0101)
农产品价格指数（1995年=1）	0.0817*** (0.0117)	0.0819*** (0.0118)	0.4641*** (0.1268)	0.4679*** (0.1275)	0.1767*** (0.0403)	-0.0122 (0.1166)
木材价格指数（1995年=1）	-0.0214 (0.0139)	-0.0210 (0.0141)	0.4929*** (0.1496)	0.5009*** (0.1521)	-0.2881*** (0.0482)	-0.0630 (0.1317)
劳动力价格指数（1995年=1）	0.0206*** (0.0044)	0.0205*** (0.0044)	-0.0585 (0.0477)	-0.0595 (0.0478)	-0.0267* (0.0154)	-0.0047 (0.0406)
银行1年期存款基准利率（%）	-0.0279*** (0.0048)	-0.0278*** (0.0048)	0.1272** (0.0520)	0.1289** (0.0523)	-0.4811*** (0.0168)	-0.3556*** (0.0560)
种植业税费（补贴视为负项税）（元）	-0.0605*** (0.0117)	-0.0607*** (0.0118)	-0.2765** (0.1265)	-0.2805** (0.1272)	-0.0953** (0.0408)	-0.0047 (0.0985)
林业税费（补贴视为负项税）（元）	-0.0552*** (0.0100)	-0.0554*** (0.0100)	-0.0052 (0.1075)	-0.0081 (0.1079)	-0.1949*** (0.0347)	0.0097 (0.0886)
家庭人口（人）	0.0996*** (0.0135)	0.0998*** (0.0135)	0.7299*** (0.1456)	0.7346*** (0.1457)	-0.0673 (0.0484)	0.5940*** (0.1242)

续表

变量	以土地为基础的生产活动				非农生产活动	
	持久收入		暂时收入		持久收入	暂时收入
户主年龄（岁）	0.1104*** (0.0387)	0.1105*** (0.0387)	0.0631 (0.4160)	0.0656 (0.4160)	-0.5050*** (0.1350)	-0.3091 (0.3452)
户主受教育年限（年）	0.0119*** (0.0034)	0.0119*** (0.0034)	0.1472*** (0.0371)	0.1472*** (0.0371)	-0.0375*** (0.0120)	0.0238 (0.0305)
户主是否为干部（是=1；否则=0）	0.0441** (0.0205)	0.0438** (0.0205)	0.2904 (0.2203)	0.2856 (0.2204)	0.0935 (0.0715)	-0.0649 (0.1798)
村庄到县城的距离（千米）	0.0381*** (0.0120)	0.0381*** (0.0120)	0.0328 (0.1294)	0.0333 (0.1294)	-0.1740*** (0.0420)	-0.1893* (0.1025)
村庄道路情况（硬化=1；否则=0）	0.0001 (0.0124)	0.0000 (0.0124)	-0.5601*** (0.1339)	-0.5622*** (0.1339)	0.4956*** (0.0433)	0.0891 (0.1098)
年度变量	控制	控制	控制	控制	控制	控制
个体效应	固定	固定	固定	固定	固定	固定
截距	6.2033*** (0.1487)	6.2034*** (0.1487)	-5.8656*** (1.5996)	-5.8647*** (1.5996)	6.1659*** (0.5179)	1.4080 (1.3390)
R^2	0.3138	0.3138	0.1257	0.1257	0.6000	0.1424

注：1）*** 为参数估计在1%的显著水平上显著；** 为参数估计在5%的显著水平上显著；* 为参数估计在10%的显著水平上显著。2）括号内为标准差。

附表5　　退耕还林工程对样本农户收入和消费影响的集中度

样本范围	年度	对收入影响的集中度				对消费影响的集中度
		以土地为基础的持久收入	以土地为基础的暂时收入	非农持久收入	非农暂时收入	
所有样本	1999	0.1171	0.2420	0.3584	0.3349	0.1798
	2000	0.2063	0.2824	0.5090	0.5426	0.2412
	2001	0.2151	0.6281	0.4353	0.3749	0.2572
	2002	0.2032	0.3600	0.4784	0.4920	0.2583
	2003	0.2029	0.4136	0.4742	0.6069	0.3171
	2004	0.2161	0.5485	0.4627	0.5986	0.3040
	2005	0.1560	0.5354	0.2830	1.8089	0.2767
	2006	0.1735	0.5393	0.3146	0.6540	0.2877
	2007	0.2310	0.6805	0.2858	1.1574	0.3586

续表

样本范围	年度	对收入影响的集中度				对消费影响的集中度
		以土地为基础的持久收入	以土地为基础的暂时收入	非农持久收入	非农暂时收入	
所有样本	2008	0.2138	0.5430	0.3187	1.3561	0.3913
	2009	0.1749	0.6287	0.2534	1.5800	0.3783
	2010	0.2190	0.3989	0.3080	0.8438	0.3743
	2011	0.2907	0.7089	0.3128	1.2037	0.3746
	2012	0.3434	0.8206	0.3759	0.7416	0.3351
	2013	0.2876	0.5167	0.3073	1.3527	0.3820
	2014	0.3259	0.4200	0.3496	1.2059	0.3947
	2015	0.3094	0.4031	0.2987	1.0936	0.3479
	2016	0.3713	0.5307	0.3415	1.1322	0.3413
长江流域	1999	0.1660	0.2113	0.3739	0.6170	0.3553
	2000	0.2495	0.3212	0.5113	0.5583	0.2832
	2001	0.2218	0.3373	0.4396	0.4033	0.2743
	2002	0.2321	0.2950	0.5021	0.5414	0.3003
	2003	0.2301	0.3836	0.4968	0.6260	0.3298
	2004	0.2428	0.3914	0.4886	0.5818	0.3059
	2005	0.1203	0.3979	0.2919	6.6335	0.2440
	2006	0.1287	0.3847	0.3457	0.7742	0.2546
	2007	0.2389	0.6299	0.3123	1.2622	0.3923
	2008	0.1977	0.7547	0.3280	1.3661	0.3677
	2009	0.1342	1.0954	0.2003	1.2840	0.3511
	2010	0.1880	0.7199	0.2612	1.1537	0.3464
	2011	0.3031	1.3669	0.3419	1.0350	0.3402
	2012	0.3498	0.9413	0.3976	0.6477	0.3001
	2013	0.3556	1.1789	0.3426	0.9327	0.3994
	2014	0.3654	1.2192	0.3613	1.1388	0.4099
	2015	0.2182	1.4621	0.3215	1.0101	0.3437
	2016	0.3225	1.8242	0.3629	1.1061	0.3486
黄河流域	1999	0.1558	0.3994	0.3856	0.3503	0.0149
	2000	0.1235	0.2223	0.2486	0.4273	0.0382
	2001	0.1726	0.4156	0.1970	0.2750	0.0867

续表

样本范围	年度	对收入影响的集中度				对消费影响的集中度
		以土地为基础的持久收入	以土地为基础的暂时收入	非农持久收入	非农暂时收入	
黄河流域	2002	0.1731	0.5356	0.4458	0.3840	0.1831
	2003	0.1715	0.5552	0.4021	0.4841	0.3026
	2004	0.1810	0.8457	0.3858	0.6307	0.3217
	2005	0.2280	0.8809	0.2667	0.7716	0.3401
	2006	0.2667	0.6753	0.2591	0.4609	0.3506
	2007	0.2269	0.6356	0.2356	0.9667	0.2835
	2008	0.2580	0.5223	0.3088	1.3524	0.4049
	2009	0.2403	0.4853	0.3364	1.0554	0.4000
	2010	0.2676	0.4401	0.3646	0.5950	0.3854
	2011	0.2489	0.5342	0.2287	1.6032	0.4058
	2012	0.3011	0.6034	0.2987	0.8807	0.3748
	2013	0.1553	0.4088	0.2425	0.7911	0.3558
	2014	0.2429	0.4496	0.3261	0.9522	0.3694
	2015	0.4166	0.5632	0.2391	1.3176	0.3592
	2016	0.4201	0.5989	0.2869	1.2255	0.3271